公路工程标准规范解读系列丛书

《公路装配式混凝土桥梁施工技术规范》实施手册

张 鸿 主编

人民交通出版社股份有限公司

北 京

内 容 提 要

本手册为《公路装配式混凝土桥梁施工技术规范》（JTG/T 3654—2022）的配套图书，由规范主要起草人编写。本手册介绍了规范修订的宣贯情况，条文规定的原因或理由，执行条文时需注意的事项，以及调研收集的资料和为方便使用规范而补充的有关技术资料。

本手册可供公路装配式桥梁工程施工技术人员、管理人员、监理人员等使用。

图书在版编目（CIP）数据

《公路装配式混凝土桥梁施工技术规范》实施手册／张鸿主编. — 北京：人民交通出版社股份有限公司，2023.3

ISBN 978-7-114-18517-5

Ⅰ.①公… Ⅱ.①张… Ⅲ.①公路桥—装配式梁桥—钢筋混凝土桥—桥梁施工—技术规范—中国—手册 Ⅳ.①U448.145.2-62

中国国家版本馆 CIP 数据核字（2023）第 004223 号

公路工程标准规范解读系列丛书
Gonglu Zhuangpeishi Hunningtu Qiaoliang Shigong Jishu Guifan Shishi Shouce

书　　名	《公路装配式混凝土桥梁施工技术规范》实施手册
著 作 者	张　鸿
责任编辑	李　沛
责任校对	孙国靖　魏佳宁
责任印制	刘高彤
出版发行	人民交通出版社股份有限公司
地　　址	（100011）北京市朝阳区安定门外外馆斜街 3 号
网　　址	http://www.ccpcl.com.cn
销售电话	（010）59757973
总 经 销	人民交通出版社股份有限公司发行部
经　　销	各地新华书店
印　　刷	北京市密东印刷有限公司
开　　本	880×1230　1/16
印　　张	8
字　　数	227 千
版　　次	2023 年 3 月　第 1 版
印　　次	2023 年 3 月　第 1 次印刷
书　　号	ISBN 978-7-114-18517-5
定　　价	70.00 元

（有印刷、装订质量问题的图书，由本公司负责调换）

前言

《公路装配式混凝土桥梁施工技术规范》(JTG/T 3654—2022)经交通运输部批准颁布后,自2022年11月1日起施行。为配合规范的实施,由规范主编单位中交第二航务工程局有限公司主持编写了本实施手册。

编写本实施手册的目的是:为规范的使用者补充提供更多的条文释义,期望对行业内外众多的从业者有所帮助,使其能更加准确地理解和执行规范条文中的各项规定。

本实施手册的主要内容有:规范修订的背景情况、条文规定的原因或理由、执行条文时需注意的事项,以及调研收集的资料和为方便使用规范而补充的有关技术资料。

本实施手册由规范主编单位中交第二航务工程局有限公司负责编写,规范参编单位参与部分章节的编写,具体分工如下:

第1、2、3章由中交第二航务工程局有限公司负责编写;

第4章由中交第二航务工程局有限公司负责编写,上海公路桥梁(集团)有限公司、中交公路规划设计院有限公司、上海市城市建设设计研究总院、中交第二公路勘察设计研究院有限公司参与编写;

第5章由中交第二航务工程局有限公司负责编写;

第6章由中交第二航务工程局有限公司负责编写;

第7章由中交第二航务工程局有限公司负责编写,东南大学参与编写。

各章节编写人员的具体分工见"本手册编写人员分工"表。

全书由张鸿负责统稿。

本实施手册在编写过程中引用了若干公开发表的文献资料及一些内部资料,在此,对这些文献资料的作者和内部资料的提供者表示衷心感谢。

特别提示:本实施手册完全按规范的章、节、条、款、项顺序编写。规范的条文序号不变,条文和条文说明的字体与规范保持一致;手册的内容列于规范条文及条文说明之后,用仿宋体字示出;同时,为了与条文说明中的表号和图号有效区分,手册内容中的表号和图号采用"释表×-×"和"释图×-×"的方式进行编排。

限于编者的技术水平和学识水平,如有不当或错误之处,恳请广大读者批评指正。

编 者
2022年10月 武汉

本手册编写人员分工

章号	章(节)名		编写单位	编写人
1	总则		中交第二航务工程局有限公司	张鸿
2	术语		中交第二航务工程局有限公司	张永涛
3	基本规定		中交第二航务工程局有限公司	张永涛
4	墩柱与盖梁	4.1 一般规定	中交第二航务工程局有限公司 中交第二公路勘察设计研究院有限公司	王敏 夏飞
		4.2 构件预制	中交第二航务工程局有限公司 中交公路规划设计院有限公司	王敏 魏乐永 宋颖彤
		4.3 存放与运输	中交第二航务工程局有限公司 上海公路桥梁(集团)有限公司	王敏 蒋海里 袁超
		4.4 构件安装	中交第二航务工程局有限公司 上海市城市建设设计研究总院	王敏 闫兴非 袁超 曹利景
5	混凝土节段梁	5.1 一般规定	中交第二航务工程局有限公司	陈鸣 王敏
		5.2 构件预制	中交第二航务工程局有限公司	王敏 田飞
		5.3 存放与运输	中交第二航务工程局有限公司	王敏 田飞
		5.4 墩顶节段梁拼装施工	中交第二航务工程局有限公司	王敏 黄涛
		5.5 标准节段梁拼装施工	中交第二航务工程局有限公司	田飞 黄涛
		5.6 施工控制	中交第二航务工程局有限公司	巫兴发 曹利景
6	节段拼装波形钢腹板组合梁	6.1 一般规定	中交第二航务工程局有限公司	陈鸣 郑和晖
		6.2 节段预制	中交第二航务工程局有限公司	郑和晖 代浩
		6.3 存放与运输	中交第二航务工程局有限公司	郑和晖 代浩 李锋
		6.4 节段拼装	中交第二航务工程局有限公司	郑和晖 代浩 曹利景
7	装配式钢混组合梁	7.1 一般规定	中交第二航务工程局有限公司	郑和晖 李刚 丁子贤
		7.2 桥面板预制	中交第二航务工程局有限公司	郑和晖 李刚 张峰
		7.3 预制桥面板安装	中交第二航务工程局有限公司	郑和晖 李刚 沈惠军
		7.4 装配式组合梁安装	中交第二航务工程局有限公司 东南大学	郑和晖 贺志启 李刚

目 录 MULU

1 总则 ······ 1
2 术语 ······ 3
3 基本规定 ······ 7
4 墩柱与盖梁 ······ 11
    4.1 一般规定 ······ 11
    4.2 构件预制 ······ 15
    4.3 存放与运输 ······ 23
    4.4 构件安装 ······ 24
5 混凝土节段梁 ······ 34
    5.1 一般规定 ······ 37
    5.2 构件预制 ······ 38
    5.3 存放与运输 ······ 48
    5.4 墩顶节段梁拼装施工 ······ 50
    5.5 标准节段梁拼装施工 ······ 55
    5.6 施工控制 ······ 64
6 节段拼装波形钢腹板组合梁 ······ 73
    6.1 一般规定 ······ 73
    6.2 节段预制 ······ 77
    6.3 存放与运输 ······ 86
    6.4 节段拼装 ······ 88
7 装配式钢混组合梁 ······ 98
    7.1 一般规定 ······ 98
    7.2 桥面板预制 ······ 99
    7.3 预制桥面板安装 ······ 103
    7.4 装配式组合梁安装 ······ 107
附录 A 结构胶性能指标 ······ 115
附录 B 预制构件检查项 ······ 120

1 总则

1.0.1 为在公路装配式混凝土桥梁施工中,做到安全可靠、技术先进、适用耐久、环保节能,制定本规范。

2015年,国务院发布了《中国制造2025》,"绿色发展"成为我国基本发展方针之一;2019年,国务院印发了《交通强国建设纲要》(以下简称《纲要》),《纲要》进一步提出了"绿色发展节约集约、低碳环保"的发展理念。2020年9月22日,中国国家主席习近平在第七十五届联合国大会一般性辩论上发表重要讲话强调:"中国将提高国家自主贡献力度,采取更加有力的政策和措施,二氧化碳排放力争于2030年前达到峰值,努力争取2060年前实现碳中和。"[1]《纲要》的发布和"双碳"战略的提出,将"绿色发展、低碳环保"的理念提升到了国家战略的高度。随着"高质量发展"成为"十四五"乃至更长时期我国经济社会发展的主题,国家对工程建设在"高效、优质、安全,环保"方面的要求也越来越高,因此,集成标准化设计、工业化生产的装配式桥梁将成为桥梁工程未来发展的主要方向。

装配式桥梁是基于"创新、协调、绿色、开放、共享"的新发展理念提出的一种桥梁建造方式,这种建造方式可实现高质量、高效率的可持续发展,且能更好地塑造城市特色风貌、提升城市环境质量、创新城市管理服务。预制装配式桥梁施工相较传统桥梁建设方式具有绿色可持续发展的特点,主要体现在"一优二减三节四降"的优势。一优:工厂化预制,构件质量、外观更优;二减:减少周转用材料和机械投入,减少建筑垃圾;三节:节约人工,节省工期,节省施工用地;四降:降低对市政交通的影响,降低粉尘污染,降低噪声污染,降低施工安全风险。同时,预制装配式桥梁施工具有标准化设计、工厂化生产、装配化施工、信息化管理、智能化应用等特点。

欧美、日本等发达国家在装配式桥梁领域起步较早,装配式桥梁结构体系、工厂化生产、现场安装技术及装备的发展更为成熟,根据美国公路合作研究组织(NCHRP)的报告,美国和加拿大对装配式桥梁各方面进行了调查,调查共覆盖了22.9万座公路桥梁,其中应用预制构件的桥梁占比为15%,但预制墩柱应用占比不到0.1%。美国联邦公路署(FHWA)的一篇调研报告显示:德国23%的现代桥梁包含预制构件,15%的桥梁应用了预制混凝土主梁。在法国,跨度40~100m范围内的公路桥梁中85%都是装配式组合结构桥梁。日本中小跨径装配式桥梁应用广泛,跨径在21m内的先张法预制混凝土桥梁占混凝土桥梁的97%以上。

目前,《公路装配式混凝土桥梁设计规范》(JTG/T 3365-05—2022)已发布实施,《公路桥涵施工技术规范》(JTG/T 3650—2020)包含了部分装配式墩柱、混凝土节段梁的相关规定,而我国公路行业尚无有关装配式混凝土桥梁施工的专用技术标准。

因此,在这种背景下,为贯彻执行国家的产业政策和行业的相关技术政策,适应装配式混凝土桥梁建设的需要,更好地指导装配式混凝土桥梁施工,保证装配式混凝土桥梁的工程品质,按照《交通运输部关于下达2018年度公路工程行业标准制修订项目计划的通知》的要求,制定了本规范。

1.0.2 本规范适用于各级新建、改建公路装配式混凝土桥梁工程中的墩柱、盖梁、节段梁、组合梁的预制、运输及安装施工。

条文中的装配式混凝土桥梁是指大规模应用预制混凝土构件的桥梁结构体系,主要包括预制混凝

---

[1] 习近平在第七十五届联合国大会一般性辩论上的讲话[EB/OL].(2020-09-22)[2022-10-20]. http://www.gov.cn/xinwen/2020.09/22/content_5546169.htm.

土桩基、预制混凝土墩台身、预制混凝土盖梁、预制混凝土主梁、预制混凝土桥面板等构件。预制混凝土桩基已有国家标准《先张法预应力混凝土管桩》(GB 13476),本规范不再进行规定;我国大规模应用的先张法预应力混凝土T梁、小箱梁、空心板梁等预制混凝土主梁,其预制、安装技术已十分成熟,且在《公路桥涵施工技术规范》(JTG/T 3650)中有详细的规定,本规范也不再赘述。装配式组合梁中包含了大量的预制混凝土桥面板,因此将装配式组合梁纳入本规范的规定范畴。

1.0.3 公路装配式混凝土桥梁施工,应严格遵守国家安全生产法律法规,建立和健全安全生产管理制度,认真执行安全操作规程,确保安全施工。

1.0.4 公路装配式混凝土桥梁施工除应符合本规范的规定外,尚应符合国家和行业现行有关标准的规定。

2 术语

2.0.1 装配式混凝土桥梁　precast concrete bridge
以预制混凝土构件作为主要构件,通过可靠的连接方式装配而成的桥梁。

条文说明
本规范主要针对预制墩柱盖梁、混凝土节段梁、装配式组合梁等装配式结构体系。预制混凝土空心板、T梁、小箱梁等装配式桥梁结构在现行《公路桥涵施工技术规范》(JTG/T 3650)中已有详细规定,可参照上述规范进行施工。

2.0.2 节段梁　segmental beam
按主梁纵向划分的桥梁梁段。

2.0.3 短线法预制　short-line method precasting
混凝土梁体沿纵向划分成若干节段,在台座上用固定的模板,依次将已浇筑好的节段作为匹配节段,逐段匹配、流水制作节段的预制施工方法。

2.0.4 长线法预制　long-line method precasting
混凝土梁体沿纵向划分成若干节段,以梁长作为预制台座长度,在预制台座上逐段匹配制作的预制施工方法。

2.0.5 胶接缝　epoxy joint
预制构件结合面涂以结构胶后再拼接的接缝。

2.0.6 湿接缝　wet joint
预制构件间采用现浇混凝土连接的接缝。

2.0.7 结构胶　structural adhesive
在胶接缝处,用于节段间黏结及封闭的胶黏剂。

2.0.8 匹配预制　match casting
将已浇筑好的预制构件作为相邻构件的端模,逐段制作的预制施工方法。

2.0.9 印模　impression
分节段预制墩柱预制过程中,印有墩柱端面键齿的钢或混凝土模板。

2.0.10 钢筋灌浆套筒连接　rebar splicing by grout-filled coupling sleeve
在金属套筒的两端分别插入钢筋并压注水泥基灌浆料的钢筋连接方式。
灌浆套筒又称灌浆套筒接头或套筒灌浆接头,是由专门加工的套筒、配套灌浆料和钢筋组装的组合体,在连接钢筋时通过注入快硬无收缩灌浆料,依靠材料之间的黏结咬合作用连接钢筋与套筒。灌浆套筒接头具有性能可靠、适用性广、安装简便等优点。国内外已有很多种灌浆套筒接头,且其形式多种多样。按接头形式分类,灌浆套筒接头可分为全灌浆套筒接头和半灌浆套筒接头两大类。

(一)全灌浆套筒接头

将胶塞塞入套筒左端(预制端),将钢筋从胶塞孔内插入,穿入深度按不同型号钢筋连接要求确定。插到设计深度后连同其他钢筋绑扎成型放入构件模具。将套筒右端(装配端)对准模板上安装的配套工装并平贴边模板。在灌浆口和排气口安装波纹管,并将波纹管用配套磁性吸盘定位工装定位,浇筑混凝土成型。构件安装时,将灌浆套筒的开口端对准并套装在下层墙板伸出的钢筋上,封仓或坐浆后从灌浆口注入配套灌浆料,排气孔溢出时封堵排气孔及灌浆孔,待灌浆料达到一定强度后纵向钢筋被连接成整体(释图2-1)。

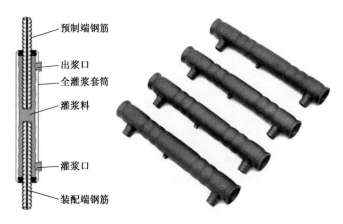

释图2-1 全灌浆套筒接头

(二)半灌浆套筒接头

将钢筋一端按技术要求加工好螺纹后拧入灌浆套筒的螺纹端,绑扎成型后放入构件模具,在灌浆口和排气口上套装波纹管,并将波纹管用配套磁性吸盘定位工装定位,浇筑混凝土成型,构件安装时,将灌浆套筒的灌浆端对准并套装在下层墙板伸出的钢筋上,封仓或坐浆后从灌浆口注入配套灌浆料,排气孔溢出时封堵排气孔及灌浆孔,待灌浆料达到一定强度后纵向钢筋被连接成整体(释图2-2)。

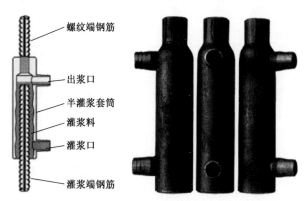

释图2-2 半灌浆套筒接头

2.0.11 钢筋灌浆金属波纹管连接 rebar splicing by grout-filled corrugated metal pipe

混凝土预制构件伸出的预埋钢筋插入另一构件的预埋金属波纹管,并压注水泥基灌浆料的钢筋锚固连接方式。

2 术语

2.0.12 承插式连接 socket connection

在承台上预留槽口,且在槽口侧壁及墩柱底部设置剪力键,将墩柱插入槽口之后灌浆或现浇混凝土的连接方式。

2.0.13 钢筋插槽式连接 grouted pocket connection

将预制构件伸出的受力钢筋骨架插入相接构件的预留孔内部,通过浇筑混凝土,使两者连接成整体的连接方式。

2.0.14 钢筋锥套-现浇连接 tapered sleeve locking-cast connection

构件间受力钢筋通过锥套机械连接,然后浇筑混凝土包裹受力钢筋的连接方式。

钢筋锥套-现浇连接分为两步:①采用锥套连接构件间受力钢筋,锥套锁紧钢筋接头由两个锥套、三片锁片、一个保持架组成,将待连接钢筋插入锁片两端、对中顶紧保持架;将锥套套入锁片的两端,用专用工具将两锥套沿其轴向(内夹)压紧靠拢,从而利用锥角作用将锁片向内紧紧夹住钢筋,实现连接钢筋的目的;②构件间受力钢筋全部连接后,浇筑混凝土包裹受力钢筋(释图2-3)。

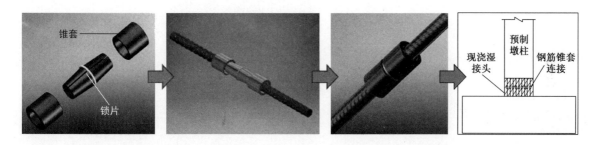

释图2-3 钢筋锥套-现浇连接工艺

2.0.15 剪力槽 shear pocket

预制桥面板上预留用于形成钢混连接的后浇槽孔。

2.0.16 悬臂拼装法 balanced cantilever erection method

自桥墩两侧平衡地逐段向跨中悬臂拼装预制混凝土节段、施加预应力的施工方法。

2.0.17 整孔拼装法 span-by-span construction method

将预制混凝土节段利用专用设备整孔进行拼装、整孔施加预应力的施工方法。

2.0.18 节段拼装波形钢腹板组合梁 segmental corrugated steel web beam

采用波形钢板作为腹板的节段梁。

2.0.19 灌浆料 grouting material

以高强度材料作为骨料,以水泥作为结合剂,并辅以高流态、补偿收缩、防离析等物质及水配制而成,填充于套筒或金属波纹管、钢筋间隙中的材料。

2.0.20 砂浆垫层 bedding mortar

填充在不同构件拼接缝之间的高强度补偿收缩砂浆过渡层。

2.0.21 临时预应力 temporary prestress
　　为便于安装,用于临时连接构件的预应力。

2.0.22 永久预应力 permanent prestress
　　永久存在于结构中的预应力。

3 基本规定

3.0.1 装配式桥梁各部件宜统筹设计、生产运输、安装施工，实现全过程协同。

全过程协同是指装配式桥梁建造的各个环节在实施过程中围绕统一目标协调合作，交互作用，通常全过程协同的实现需要借助数字化、信息化手段。

装配式桥梁采用的是工业化的建造方式，设计标准化是工业化建造的前提，工厂化预制与机械化安装是工业化建造的具体举措，需要设计—预制—安装各环节一体化协同，才能充分发挥装配式桥梁的技术优势。

3.0.2 施工前应根据装配式桥梁特点、设计要求、运输及现场安装条件，编制施工组织设计和专项施工方案。专项施工方案应包含安全专项方案，明确安全保障措施；对施工中可能存在的风险进行分析评估，提出相应对策，制订相应的安全生产应急预案。

施工组织设计的编制依据主要包括：①与工程建设有关的法律法规和文件；②国家现行有关标准和技术经济指标；③工程所在地区行政主管部门的批准文件，建设单位对施工的要求；④工程施工合同或招标投标文件；⑤工程设计文件；⑥工程施工范围的现场条件，工程地质及水文地质、气象等自然条件；⑦与工程有关的资源供应情况；⑧施工企业的生产能力、机具装备、技术水平等。

施工组织设计基本内容包括：工程概况、编制说明、施工部署、进度计划及保障措施、施工准备及资源配置计划、主要分部分项工程施工工艺、施工总平面布置、主要施工管理措施等。

3.0.3 所有原材料应按本规范具体规定和相关规范进行检测。

3.0.4 预制构件上设置预埋件、预留孔及局部加固构件，均应取得设计单位认可。

预埋件、预留孔及局部加固构件等现场措施有可能削弱截面尺寸，影响主体结构受力，应取得设计单位认可。同时，设计图及相应的设计要求中有可能存在实际制造时无法制作或制作非常困难的情况，例如构造上过于复杂，有限的操作空间导致难以保障质量等。因此，在对设计文件进行工艺性审核时，如果发现有类似情况，就需要及时与设计单位协商、沟通，对设计图纸进行必要的调整或修改，而且需取得原设计单位的同意，并履行相关的设计变更程序。

3.0.5 预制构件在生产时宜实行首件制，首件验收合格后方能大批量生产。预制构件验收合格后方能出厂，出厂前应在明显位置进行标识。

条文说明

标识内容包括工程名称、施工单位名称、监理单位名称、构件编号、构件方向、构件重量、吊点及支点位置、生产日期等。

首件制立足于"预防为主，先导试点"的原则，对首件预制构件的各项工艺、技术和质量指标进行综合评价，确定最佳工艺、建立标准化生产流程，以指导后续施工作业预防和纠正生产中可能产生的各类问题。随着信息技术快速发展，目前很多预制构件生产企业都开始采用二维码等进行产品标识，一方面展示构件生产信息，另一方面可覆盖构件质量管理、物流追踪、安装验收等环节。

3.0.6 用于安装的起重设备的检验、检测应遵守有关特种设备安全技术规范及相关标准。

特种设备安全技术规范及相关标准主要包括：《起重机械安全保护装置型式试验细则》(TSG Q7014)、《起重机械定期检验规则》(TSG Q7015)、《起重机械安全规程》(GB 6067)、《起重设备安装工程施工及验收规范》(GB 50278)、《架桥机通用技术条件》(GB/T 26470)、《通用门式起重机》(GB/T 14406)、《起重机 试验规范和程序》(GB/T 5905)等标准。

3.0.7 施工过程中使用的受力装置和受力临时结构应进行专项设计和验算。

3.0.8 装配式桥梁施工宜采用信息辅助手段。

条文说明

信息化辅助手段包括BIM(建筑信息模型)、大数据分析、人工智能监测等。

随着技术的发展，特别是信息技术的日新月异，各种数字化、自动化和信息化的手段不断增多，BIM技术、三维建模、智能装备以及工业机器人已在工程建设领域得到越来越多的应用。本规范鼓励和提倡在装配式桥梁的建造中积极推广应用这些先进的技术、工艺和设备，以提高效率、保证工程质量。

智能建造被认为是解决建筑行业低效率、高污染、高能耗的有效途径。如何结合当前的数字经济发展态势，基于BIM、大数据、人工智能等先进技术，全面提升我国的建造水平，成为当前的必由之路。以下对此做简要介绍：

一、智能建造的概念

智能建造是近些年提出的新兴概念，而业内对其尚未形成统一的认识，现有智能建造的概念分为广义和狭义两类。

广义的智能建造是指在建造的全过程，包括工程立项策划、设计、施工阶段，通过运用以BIM为代表的信息化技术开展的工程建设活动。其内涵主要包括以下多个方面：①智能建造的目标是实现工程建造的自动化、智慧化、信息化和工业化，进一步推动社会经济可持续发展和生态文明建设；②智能建造的本质是以人为本，通过技术的应用逐步从繁重的体力劳动和脑力劳动中把人解放出来；③智能建造的实现要依托科学技术的进步以及系统化的管理；④智能建造的前提条件是保证工程项目建设的质量与安全；⑤智能建造需要多方共同努力，协同推进，包括建设方、设计方、施工方、使用方以及政府等；⑥智能建造包含立项、设计和施工三个阶段，但不是这三个阶段孤立或简单叠加式地存在，而是相辅相成，有机融合的，是信息不断传递、不断交互的过程。

狭义的智能建造是指在设计和施工全过程中，立足于工程建设项目主体，运用信息技术实现工程建造的信息化和智能化。狭义的智能建造着眼于工程项目的建造阶段，通过BIM、物联网等新兴技术的支撑，实现工程深化设计及优化、工厂化加工、精密测控、智能化安装、动态监控、信息化管理这六大典型应用。

综上所述，智能建造是实现整个工程建造产业链和创新链智能化的过程手段，它是建立在高度的信息化、工业化和社会化基础上的一种信息融合、全面物联、协同运作、激励创新的工程建造模式。智能建造是基于BIM(+GIS)、物联网、云计算、移动互联网、大数据等信息技术的工程信息化建造平台，是信息技术与先进工程建造技术的融合。

二、国内外智能建造现状

(1)国外智能建造现状

随着传统建筑产业与人口、环保、安全等因素的矛盾日趋尖锐，各国都意识到智能建造是未来发展的趋势，为此相继制定了智能建造方面的战略发展规划：英国在2013年推出了《英国建造2025》战略，发展目标是通过智能化手段降成本、提效率、减排放;德国也在2013年发布了《工业4.0战略》,核心措施是通过BIM技术,持续提高工程的设计精确度和成本确定性,不断优化工程全寿命周期成本;日本于2015年通过了新的《日本再兴战略》,明确提出要以物联网、大数据、人工智能为支撑,推进以人为本的生产力革命;美国在2017年发布了《美国基础设施重建战略规划》,规定所有重要工程项目都要使用信息技术实现低碳绿色发展。

(2)国内智能建造现状

我国于2015年提出了《中国制造2025》战略发展规划,指出要围绕创新驱动、智能转型、强化基础、绿色发展、人才为本等关键环节,加快制造业转型升级。国内专家学者已经开始探索智能建造体系,在2015年"中国桥梁技术发展战略"香山科学会议上,张喜刚院士首次提出了"智能桥梁"的概念,我国桥梁界形成了"智能桥梁"发展方向的共识。从总体上看,当前我国智能建造还处于起步阶段,工业化的产品体系还未构建完成,缺乏面向产品的桥梁工业化智能建造技术标准以及全寿命周期数据标准。

三、智能建造在装配式混凝土桥梁施工方面的应用

目前,我国智能建造在装配式混凝土桥梁施工方面的应用主要体现在智能化流水线、智能测控、智能化架设装备、制存运架一体化管理平台,以及智慧工地等方面。

(1)智能化流水线

预制流水线工艺是一种大型构件预制技术的革命性探索,按照有利于安全质量管控、有利于降低成本、有利于机械化智能化的原则进行设计。构件预制全过程在封闭车间内完成,将预制各工序分解,在特定的工位采用智能化设备及标准化工艺完成施工,预制工序按照设定的节拍时间流水作业。预制构件通过可移动台座在各功能区流转,实现构件预制的流水化作业。流水线上混凝土施工采用自动布料系统、自动振捣整平系统等智能化模块完成;为提升预制效率,流水线预制构件采用蒸汽养护,蒸养窑内配置温湿度调节系统,可智能控制窑内温湿度梯度调节,预制构件在蒸养窑内,按设定程序经升温—恒温—降温过程。

目前智能化流水线已在国内一些预制T梁、小箱梁、节段梁等项目中大规模应用,取得了良好的经济效益。

(2)智能测控系统

智能测控系统由自动追踪照准全站仪、承插式U形棱镜,以及配套的数据分析软件构成。该系统基于三点拟合自由定向原理,可覆盖轴系附近多个预制台座,减少了观测塔的建设费用和全站仪的使用量;系统通过实现自动化测量模式,大大减少了测量人员的投入,同时提高了工效;传统测量模式存在棱镜杆气泡对中误差,观测误差等综合误差影响下测量精度约为2~3mm,承插式U形棱镜工装尺寸更小,可以有效减小对中误差,通过整孔节段梁预制测试,成品各项控制指标精度为±1mm;数据分析系统对节段梁匹配调整和数据采集过程实现了整体速测,效率高,系统采用软件快速分析数据,消除了出错率,成果稳定可靠,远程控制模式,创造集约化办公环境。

(3)智能化架设装备

目前,装配式下部结构(预制墩柱、盖梁)通常采用汽车式起重机、履带式起重机等设备进行安装,装配式主梁(T梁、小箱梁、节段梁)通常采用架桥机安装。对于上下部结构均为装配式的桥梁项目,为减少施工期临时占地面积,方便现场管理,一体化架设装备逐渐开始应用。

一体化架设装备由落地前支腿、中支腿及后支腿、主梁、起重天车等组成,架桥机前跨安装预制墩柱与墩顶块、中跨安装主梁标准段、尾跨为提梁跨,可实现预制墩柱与预制主梁同步安装。相较于常规工艺,一体化架设工艺具有施工占地面积少、周边环境交通干扰小、无须设置施工便道等优势。

随着国内装配式技术的发展,全预制装配式桥梁及相应一体化架设装备也开始应用。深汕西高速公路改扩建工程梅陇特大桥为国内首例全装配式桥梁,其结构体系由PHC管桩(桩柱一体)、分段预制盖梁、先张法预制双T梁组成,受两侧农田及既有高速公路的制约,其施工期安装空间极为有限。本项

目首次应用了带沉桩模块的一体化架桥机,其由主梁、主天车、台车、支腿体系及集成的沉桩模块组成,可实现管桩、盖梁与主梁的同步施工。安装过程中所有预制构件均从已成梁段运输至架桥机尾部,然后通过一体化装备完成所有构件安装,无须设置临时便道。该工艺与装备在环境保护区、浅海、滩涂等建设场景极具竞争力。

（4）制存运架一体化管理平台

该平台基于互联网、物联网、大数据、云计算、数字孪生等信息技术,围绕预制混凝土构件的预制—存储—运输—架设全过程,整合深化设计图纸信息,对接业务场景工控系统,实现全业务流程的数字化管理以及关键业务场景的三维动画展示,构建具备生产过程智能管控、关键数据采集分析,生产信息可视化呈现等功能。

（5）智慧工地

①智能视频监控系统：采用先进的计算机网络通信技术、视频数字压缩处理技术和视频监控技术,加强建筑工地施工现场的安全防护管理,实时监测施工现场安全生产措施的落实情况,对施工操作工作面上的各安全要素等实施有效监控。

②基于计算机视觉的不安全行为识别：包括基于单一规则抽取的不安全行为识别,基于多规则抽取的不安全行为识别,不安全行为规律、机理。通过构建CNN-LSTM混合深度学习模型,提取视频中工人行为的空间特征和时间特征,自动识别工人不安全行为,实现动态实时辨识潜在风险要素,提高施工安全。

③现场设备安全管理系统：通过高精度传感器感知设备运行状态,控制器根据实时采集的信息做出安全报警和规避危险的决策,同时把相关的安全信息发送给服务器。

④环境监测控制系统：对建筑工地固定监测点的扬尘、噪声、气象参数等环境监测数据进行采集、存储、加工和统计分析,监测数据和视频图像通过有线或物联网方式传输到后端平台。

3.0.9 在正式施工前,应按设计要求进行工艺试验验证。

条文说明

装配式桥梁工艺日新月异,在新环境、新材料、新结构、新工艺等条件下,需对施工工艺进行充分研究论证。如：特殊形状构件预制、新型连接工艺等。

4 墩柱与盖梁

4.1 一般规定

4.1.1 墩柱、盖梁可采用整节段或分节段预制安装。当设计无要求时,应根据预制场地条件、现场安装条件、施工工艺等,确定整节段或分节段预制安装工艺。

预制墩柱、盖梁一般根据起重条件、运输路径、构件尺寸限制要求等确定节段划分方案。整节段或分节段的预制墩柱、盖梁在工程中均有应用。

一、预制墩柱

整节段预制墩柱,即沿着桥墩身长进行整体预制,再将桥墩运输至现场进行拼装,其受力性能与现浇桥墩相似,相对于现浇桥墩而言,预制桥墩可以提前进行制作,缩短工期。在东海大桥、上海S26公路、成彭高架等项目中均采用了整节段预制墩柱(释图4-1)。

a)东海大桥　　　　　　　　b)上海S26公路　　　　　　　　c)成彭高架

释图4-1　整节段预制墩柱

分节段预制墩柱,即沿着桥墩身长分节段预制,将节段桥墩运输至现场进行分批次有序拼装,每个节段桥墩在承台上进行有序的拼接,节段间连接方式有多种,如胶接缝+粗钢筋连接形式、胶接缝+预应力钢绞线连接形式、湿接缝+预制裙板连接形式、胶接缝连接形式等。各连接方式受力性能不同。在上海S7公路、港珠澳大桥香港段等项目中均采用了分节段预制墩柱(释图4-2)。

a)上海S7公路　　　　　　　　b)港珠澳大桥香港段

释图4-2　分节段预制墩柱

二、预制盖梁

整节段预制盖梁,即在预制场内生产完整的盖梁,预制成的盖梁自重很大,对起重和运输机械的要求高。因此,对于中小型的桥梁可以使用此方法,但对于大跨径桥梁的盖梁,则不适宜采用整节段预制。在上海 S3 公路、上海嘉闵高架等项目中采用了整节段预制盖梁(释图 4-3)。

a)上海S3公路　　　　　　　　　　　　b)上海嘉闵高架

释图 4-3　整节段预制盖梁

分节段预制盖梁,即将盖梁沿轴向划分为若干个节段,在预制场预制后,将节段运至桥位,再用专业安装设备使其就位,随即施加预应力进行拼装,使各个节段连接成一个整体并达到结构强度。由于城市桥梁较宽,双肢墩加盖梁的形式较为普遍,导致盖梁较宽,而较长的盖梁,重量、体积较大,对吊装设备的要求较高,安全风险较大,因此节段预制成为装配式盖梁轻量化的主要方向。

盖梁节段划分考虑单节块的自重、起重机械工作极限、拼装完成后的整体性能。盖梁节段连接面处理方式一般分为湿接缝和胶接缝两种(释图 4-4)。湿接缝通常为预留钢筋+现浇混凝土形成连接;胶接缝胶结面处形式较多,主要包括小键齿、大键齿、钢键式、牛腿式、分片式和堆积式等形式。

a)湿接缝现浇(上海S26公路)　　　　　　　　　　　　b)胶接缝连接(上海S7公路)

释图 4-4　分节段预制盖梁

4.1.2 预制墩柱、盖梁的连接构造应根据设计要求确定,连接构件的预埋精度及现场安装质量控制应符合本规范相应要求。

依据桥型特点、施工条件和所处工程环境等因素,提出了多种装配式连接构造,按照拼装桥墩连接构造特点分类,常见的拼装连接构造形式有灌浆套筒连接、波纹管连接、承插式连接、钢筋插槽式连接、湿接缝连接、后张预应力筋连接以及混合连接等,工程应用中较少采用干接缝构造,这主要是出于耐久性的考虑,干接缝构造易导致接缝附近预应力筋等遭受腐蚀,结构耐久性差。常用连接方式及适用范围见释表 4-1。

释表4-1 常用连接方式及适用范围

序号	连接方式	适用范围
1	钢筋灌浆套筒	墩柱与盖梁、墩柱与承台、墩柱节段间
2	钢筋灌浆波纹钢管	墩柱与盖梁、墩柱与承台
3	构件承插式	墩柱与盖梁、墩柱与承台
4	钢筋插槽式	墩柱与盖梁、墩柱与承台
5	湿接缝式	墩柱与承台、墩柱节段间、盖梁节段间
6	预应力钢筋	墩柱与盖梁、墩柱与承台、墩柱节段间、盖梁节段间

通常这些连接构造主要考虑三个方面的要求：①尽可能地减少现场施工的作业量；②预制立柱在压力和弯曲作用下的静力性能和抗震性能；③运营条件下的使用功能和耐久性等。

4.1.3 预制墩柱、盖梁拼装前应进行试拼装。

为保证预制墩柱、盖梁拼装后坐浆垫层的密实度，必须在坐浆完成后30min内完成墩柱吊装和垂直度校核。为此，可将预制墩柱、盖梁进行试拼装，在确定辅助限位装置位置之后，吊离预制墩柱、盖梁；在完成连接面坐浆后，再实现预制墩柱、盖梁的正式吊装就位。以预制墩柱(释图4-5)为例说明具体步骤：

①在承台面上放样墩柱中心线并做好标志点，放置调节垫块，安装千斤顶。
②在墩柱拼接面安装钢支撑牛腿。
③当墩柱起吊距钢筋约2cm时，调整墩柱方位，使预埋钢筋缓缓插入连接套筒内；当距垫块约2cm时，调整与承台中心线对齐，并用水平限位板微调固定。

a)墩柱试拼装前布置

b)千斤顶垂直度调整

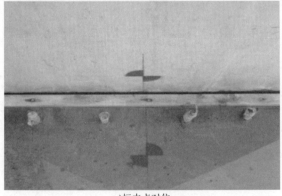

c)标志点对位

d)定位框架挡板调整墩柱水平位置

释图4-5 预制墩柱试拼装

④中心垫块受力后,随着起重机逐级卸力、千斤顶同步支撑,并由两台全站仪在两个方向进行监测校核,实现边下放、边测量、边调节,当垂直度控制在允许偏差范围内后,锁定千斤顶位置不动,吊离墩柱。

4.1.4 预制墩柱、盖梁节段的安装设备应根据构件尺寸、吊重、现场场地条件等进行选型,且架桥机、起重机等大型吊装设备应进行专项检测,并出具与安全使用相关的许可证明文件。

选择安装设备通常需要考虑桥梁结构、地形条件、构件特点、安装施工方法,以及安全、环保、成本、工效等因素,而适用性和安全性则是需要考虑的首要问题。一般情况下,设备的组合要合理,与采用的施工方法相适应,能满足安装施工的各项需求,并有足够的安全储备,能安全可靠地运行。几类主要设备的选型原则如下。

一、流动式起重机选型原则

履带式起重机、汽车式起重机及轮胎式起重机等统称为流动式起重机。流动式起重机选型首先应考虑吊装特点及场地情况,若需要吊重状态移动较远距离,或路面承载力较小,则考虑使用履带式起重机;若地面承载力较大,则可优先考虑较为经济的汽车式起重机或轮胎式起重机。

流动式起重机选型要素主要有被吊物件的重量、幅度及就位高度,其具体选型流程如下:
①确定幅度。根据被吊物件的就位位置、现场具体情况确定起重机的站位位置,即确定其幅度。
②确定臂长。根据就位高度、被吊物件尺寸、幅度,由起重特性曲线确定其臂长。
③额定起重量。根据幅度、臂长,由起重特性曲线确定其额定起重量。
④将额定起重量与计算载荷进行比较,若不合格则重新选择。计算吊臂与设备之间、吊钩与设备及吊臂之间的安全距离,若不符合规范要求,则重选。

二、塔式起重机选型原则

塔式起重机的选型应从设备性能、安全性、经济性等方面考虑。首先根据建筑物的高度、宽度、长度及施工场地等因素来决定选择何种型号,而后综合考虑安全性、经济性等因素。具体从以下方面进行考虑:
①设备的起重性能参数。塔式起重机的额定起重力矩(包括起重量和幅度)、起吊高度等应满足施工要求。
②设备的速度参数。塔式起重机的起升速度、回转速度、小车速度、大车速度及动臂俯仰变幅速度等参数,关系到施工的生产进度。
③施工现场环境。所选塔式起重机应适应于现场施工环境,方便进场安装、施工及拆除。
④安全性。所选塔式起重机安装操作简单,安全可靠。
⑤经济性。综合考虑设备价格、生产效率等经济因素。

三、架桥机选型原则

架桥机的选型应从设备性能、安全性、经济性等方面考虑。
①设备的起重性能参数。根据构件的重量确定架桥机的额定起重量。
②安全性。所选架桥机安装操作简单,安全可靠。
③经济性。综合考虑设备价格、生产效率等经济因素。

依据《起重机械定期检验规则》(TSG Q7015—2008),需要首检的起重机械等进行首检时需要提供如下资料:
①产品技术文件,包括设计文件[总图、主要受力结构件图、电气原理图、液压(气动)系统原理图]、产品质量合格证明、安装使用维修说明等。
②制造许可证或型式试验备案许可证明。

③产品监督检验证明(适用于实施监督检验的)。

④施工单位的安装许可证、安装告知书(适用于在现场安装,并且不实施安装监检,但是需要安装许可资质的)。

起重机械进行定期检测的项目包括:①技术文件审查(不适用于首检);②作业环境和外观检查;③司机室检查;④金属结构检验;⑤轨道检查;⑥主要零部件检查;⑦电气与控制系统检查;⑧液压系统检查;⑨安全保护与防护装置检查;⑩性能试验;⑪首检附加检验项目。详细内容、要求及方法参见《起重机械定期检验规则》(TSG Q7015—2008)。

4.2 构件预制

4.2.1 预制场地规划和布置应进行专项设计,并应考虑预制构件的预制、运输和吊装工艺,设置钢筋加工车间、混凝土拌和系统、大吨位起重设备、预制台座、混凝土浇筑养护系统、存放台座、运输道路、给排水设施及供电系统等。

预制场地规划和布置的原则如下:

一、选址原则

预制场选址应根据桥梁和周围结构物的分布情况,桥跨与梁型布置、工期、运架构件速度、地质状况等因素综合分析,提高施工设备利用率,降低设备投入费用。预制场选址应满足以下原则:

(1)预制场一般宜选择距离桥位较近处,以减少构件运输距离,便于运输,提高运架构件的施工进度,减少架设成本。

(2)预制场应考虑原材料的运输及大型设备的进场,应尽量与既有道路或施工便道相连。

(3)尽量利用站场及其他永久用地,有条件时,可考虑后续施工使用,建设成永久预制场,长期使用。

(4)尽量设置在桥群集中地段,并全面考虑梁型布置、制架构件工期、架桥机类型、地质条件等因素。

(5)考虑到预制台座和存放台座的承载能力和沉降要求较高,预制场应尽量选择在地形较平坦、天然地基承载能力较好的地方,以减少土石方和地基加固工程,有条件时应尽量利用既有工程场地,以减少临时工程费用投入。

(6)应在满足质量工期和存储构件的前提下,尽量利用红线以内区域布置预制场,少占用耕地,减少拆迁量及完工后复垦费用。

(7)考虑防洪排涝,确保雨季施工安全。

(8)必要时应对岸坡和地基进行加固。预制场选址应考虑防洪、排涝和防凌等要求,以确保施工安全,宜避开水库、水塘、高压线、危险爆炸物生产区。预制场不宜设在受水位变化影响和易遭受自然灾害的地带。

(9)下列地段和地区不宜选为场址:

①地震断层和设防烈度高于Ⅸ度的地震区;

②有泥石流、滑坡、流沙、溶洞等直接危害的地段;

③采矿陷落区界线内;

④爆破危险范围内;

⑤堤坝决溃后可能淹没的地区;

⑥重要的水源卫生保护区;

⑦国家规定的风景区及森林自然保护区;

⑧历史文物古迹保护区;

⑨对飞机起落、电台通信、电视转播、雷达导航和重要的天文、气象、地震观察,以及军事设施等有影响的范围内。

二、布置原则

预制场地布置应统筹规划、安排合理,避免过分拥挤和占用过多土地,预制场布置应满足以下要求:

(1)预制场地布置必须符合工厂化生产的要求,车间布置合理,道路和排水畅通,养护(包括蒸汽养护和洒水养护)设施一次设置到位,整个预制场地面全部硬化、并适当绿化。拌和站、锅炉房宜靠近预制台座设置,并远离办公生活房屋。

(2)电气设备按安全生产的要求进行标准化安装,穿越施工便道的电线路采用从硬化地面下预埋的管路穿过或架空越过。

(3)办公区、生产区和生活区等,做到区域功能分明,并进行适当的绿化。

(4)各类标示牌、警示牌齐全。

(5)周围设置有专门的排水系统和废弃物堆放场地,保证工程废水、废弃物不对自然水系和农田造成污染。

(6)建立钢筋进料、存储、下料、成形流水线生产车间。

(7)修建钢筋和面层的绑扎胎型,确保梁钢筋位置和外形尺寸准确无误。

(8)设计合理的吊架,保证预绑扎好的钢筋骨架在吊装时不变形。

(9)设立专门的库房,有专人负责,进库、发料、库存账目清晰;出厂合格证、抽检合格证等质量证书齐全。

(10)预制成品存放区及养生平台应平整坚实,应有良好的排水系统,不得设在低洼易积水地带,并应满足汛期防洪的要求。

4.2.2 预制场地布置应满足下列要求:
1 应根据安装设备的施工能力、预制构件生产效率合理布置预制场地,并清晰划分各功能区。
2 场地应平整、坚实,配有排水、排污和养护系统。
3 预制台座、修整台座、存放台座及场内移运道路应进行专项设计,具有足够的承载力。
4 预制台座范围内不均匀沉降应不大于2mm。
5 预制构件移运、出运应方便快捷。

1 预制场的规划应根据工程总体工期安排、架设构件数量、铺架计划以及施工装备状况、工程经验等因素,结合当地气候条件、地形地貌地质条件、生产规模、制梁周期和生产速度,综合比较生产、运输、防洪、环保等经济技术条件,确定技术先进、经济合理的方案。确定预制台座、存放台座的数量、结构形式及龙门式起重机轨道、横移轨道的结构形式,并根据各个功能区的特点计算出各个功能区所需要的面积,再因地制宜按照各个功能区的面积模块形式在场地内进行布置。主要的功能区包括预制区(钢筋存放、加工车间,钢筋绑扎胎具,预制台座,修整台座,门式起重机行走线等)、存放区,场内道路,保障区(混凝土拌和站、砂石料场、工程试验室、变电所、锅炉房、小机具库房、给水站、制冰机等),办公生活区,出运区等。

3 预制台座、修整台座、存放台座以及门式起重机行走线根据不同的地质条件选取合适的地基处理形式,一般采用桩基础(PHC)或扩大基础,其中桩基础(PHC)一般适用于淤泥较厚、承载力较差的土层,扩大基础则适用于承载能力较好的土层。场内道路主要作为预制场内各施工车辆的行走通道,通道宜根据施工需要设置,单车道宽度不宜小4.5m,双车道宽度不宜小于7m。场内道路基础宜做换填处理,保证承载力要求,面层需硬化。有重载施工的区域,面层混凝土宜配置钢筋网片。

4 由于预制构件制造精度要求非常高,预制台座基础处理必须满足不均匀沉降的要求,施工完成

4 墩柱与盖梁

后,对台座进行预压,并定期进行沉降观测。

4.2.3 预制前,应建立精密的平面控制网和高程控制网。

平面控制测量的任务就是采用精密仪器和精密方法测量控制点间的角度、距离要素,根据已知点的平面坐标、方位角计算出各控制点的坐标。建立平面控制网的方法有导线测量、三角测量、三边测量、卫星定位系统测量等。随着电磁波测距技术的发展,导线测量已是平面控制测量的主要方法。

高程控制网是预制场区内地上、地下建(构)筑物高程测设和传递的基本依据。高程控制网布点的密度应恰当,其测量方法可采用水准测量和光电测距中的三角高程测量方法。高程控制网的等级为国家三、四等水准测量或等外水准测量等。以上各等级都可作为预制场区的首级高程控制。当场区长、宽大于100m时,可在场区内布置4个以上高程起始点,与已知高程点构成闭合水准路线进行测量。

4.2.4 预制场内测量控制点应符合下列规定:
1 远离热源、振动源,并设置保护装置。
2 具有良好的通视条件。
3 测量控制点基础应稳固可靠。
4 定期复核,保证测量精度。
5 有备用的测量控制点。

1 在测量控制点周边架设防护栏并设置警示牌,确保控制点不受外界干预破坏。

3 测量控制点应埋设在基础稳定、易于长期保存的地点,埋设时应使其有足够的稳定性。"基础稳定"是指测量控制桩选埋的位置地面应坚实;"易于长期保存的地点"是指一般情况下,农田耕作、交通往来等因素不会对其产生影响;"埋设时应使其具有足够的稳定性"是指埋设时回填土应捣实,在不利用工具的情况下,不能被人为地破坏。

4 应对测量控制点进行不定期的检测和定期复测,定期复测周期应不超过6个月。当对控制点的稳定性有疑问时,应及时进行局部或全面复测。

4.2.5 钢筋笼制作应满足下列要求:
1 构件钢筋笼应在专用胎架上制作加工成型,钢筋胎架应有足够的强度、刚度和精度,满足受力钢筋定位精度的要求。
2 墩柱及盖梁钢筋骨架制作时,主筋定位允许偏差应满足表4.2.5中的要求,应对灌浆套筒、灌浆金属波纹管及预应力管道采取固定措施。
3 采用灌浆套筒连接或灌浆金属波纹管连接时,与箍筋应采用绑扎连接,不得采用焊接。
4 构件钢筋笼应安装成品吊装所需的吊点、现场调节装置、支座等各类预埋件。
5 构件钢筋笼应分析吊装工况下的受力及变形,必要时设置劲性骨架。

表4.2.5 钢筋笼安装质量验收标准

项 目			允许偏差	检查方法
钢筋定位(mm)	灌浆套筒主筋	定位筋	2	尺量
		预留长度	−2,0	尺量
	其他主筋		4	尺量

1 预制构件钢筋笼采用专用胎架加工成型,其中胎架由底座、骨架、钢筋及套筒定位装置组成,底座与骨架通过螺栓连接成整体,为钢筋笼提供支撑;钢筋定位装置主要安装在骨架两端,较长立柱可在中部加装定位装置,以控制立柱主筋定位;钢筋套筒定位装置安装于钢筋笼底部一侧,用于对套筒的定位和固定。

整个绑扎过程不允许发生跳步加工;整个过程边加工边测量,确保每一步加工的精度得到控制。

墩柱钢筋笼(释图4-6)绑扎步骤如下:钢筋绑扎胎架组装完成后,安装套筒固定端→安装灌浆套筒,要求一次性全部安装到位→安装上排主筋→安装箍筋→安装侧面主筋→安装底排主筋→将箍筋及拉钩与主筋全部焊接到位→其他辅助装置安装,包括套筒止浆塞、柱顶钢绞线吊点、保护层垫块、调节千斤顶预埋螺栓套局部加强措施的安装→安装D8防裂钢筋网片→局部加强。

盖梁钢筋笼(释图4-7)绑扎步骤如下:灌浆套筒底座定位→调节钢筋胎架排架→盖梁顶部钢筋安装→盖梁箍筋安装→盖梁底部钢筋安装→灌浆套筒引浆管安装→盖梁侧面钢筋安装→支座垫石钢筋安装。

释图4-6 墩柱钢筋笼制作　　　　　　　　　释图4-7 盖梁钢筋笼制作

2 在墩柱钢筋笼的绑扎过程中,墩柱钢筋与套筒的紧固是关键控制点,采取必要的措施确保其牢固是非常重要的。针对这种情况,绑扎过程中一般采取两种措施:箍筋与加强钢筋顶住橡胶止浆圈;增加拉结筋连接主筋与底模。

3 为避免损伤灌浆套筒或灌浆金属波纹管,确保连接安全可靠,灌浆套筒或灌浆金属波纹管上不得实施焊接。

4.2.6 构件模板宜采用钢模板。模板系统除应满足刚度、承载能力、稳定性的要求外,尚应满足下列要求:

1 满足构件生产工艺、模具组装与拆卸、周转次数等要求。
2 满足预制构件预留孔洞、预埋件安装定位要求。
1 构件的预制精度需要有刚度大的模板予以保证。构件预制时模板需多次重复使用,因此还要求模板在多次重复使用过程中不会产生变形。

4.2.7 混凝土浇筑前,应对灌浆套筒或灌浆金属波纹管、预应力管道定位进行检查,同时应对台座、模板、预埋件及预留孔等进行复测,允许偏差应满足表4.2.7中的要求。

表4.2.7 浇筑前模板及预埋件安装质量验收标准

项　目		允许偏差	检查方法
灌浆金属波纹管定位(mm)		2	尺量
预应力管道定位(mm)		10	尺量
模板、模具预留孔洞中心位置	吊环、预留孔洞(mm)	3	尺量
	预埋螺栓、螺母中心线(mm)	2	尺量
	灌浆套筒中心线(mm)	1	尺量
台座水平度(mm/m)		1	尺量
模板表面平整度(mm/m)		2	尺量

续上表

项目		允许偏差	检查方法
模板垂直度(mm)		0.1%L,且≤3	垂直度测量仪测不少于3处
模板侧向弯曲(mm)		$L/1500$,且<5	全站仪测不少于3处
模板尺寸(mm)	长度	±2	尺量
	宽度	±2	尺量
	高度	±3	尺量
预埋件(mm)	剪力键模具 位置	2	尺量
	剪力键模具 平面高差	2	尺量
	支座板等预埋钢板 位置	3	尺量
	支座板等预埋钢板 平面高差	2	尺量
	螺栓及其他预埋件 位置	5	尺量
	螺栓及其他预埋件 外露尺寸	±5	尺量

注:L为墩柱高度或盖梁长度。

条文说明

用于锚固连接灌浆套筒或灌浆金属波纹管的主筋的定位要求高于普通钢筋,定位允许偏差为2mm;鉴于其预留长度受灌浆套筒内隔板的影响,不能出现正公差,预留长度允许误差为−2mm。

4.2.8 当预制构件拼接面设置剪力键时,相邻构件宜匹配预制。采用竖向匹配预制工艺时,应满足下列要求:

1 节段内预埋的管道应与匹配节段的各预留孔顺接,并宜穿入加强芯棒。抽拔管应贯穿整个节段长度并伸入匹配节段的预留孔内,伸入长度不宜小于200mm。

2 采用钢模翻模时,钢模应进行专项设计,墩柱浇筑过程中钢模局部变形应小于2mm。

3 采用二次翻模技术进行竖向匹配预制时,印模混凝土应采取措施减小收缩徐变;翻模过程中应对预埋孔道位置进行控制,使其平顺连接。

条文说明

竖向匹配预制常用三种方法(图4-1):①对于单节段高度较小的墩柱,通常采用匹配预制;②对于自重较大、高度较高的节段,通常采用钢模翻模浇筑,即采用相互匹配的两个钢模作为下节墩柱顶模和上节墩柱底模;③二次翻模技术也能满足自重较大、高度较高节段的匹配预制,即在下节墩身达到一定强度后,在其顶面涂刷隔离剂,通过两次印模混凝土浇筑及翻转,实现对下节墩身顶面的复制,上节墩柱以下节墩柱顶面印模作为底模。在这个过程中,印模混凝土收缩徐变过大会引起墩柱安装时匹配困难,管道无法直接使用加强芯棒连接,需要特别注意其连接的平顺性。

4.2.9 墩柱、盖梁混凝土浇筑应满足下列要求:

1 墩柱宜竖向预制。

2 墩柱、盖梁混凝土宜一次性浇筑完成,浇筑时宜先行浇筑灌浆套筒或灌浆金属波纹管、预应力装置范围内混凝土。

3 应根据混凝土的品种、工作性及预制构件的规格形状等因素,制定合理的振捣成型工艺。混凝土应采用强制式搅拌机搅拌,且预制构件底部混凝土宜采用机械振捣,中上部机械辅助人工振捣,分层厚度不大于50cm。

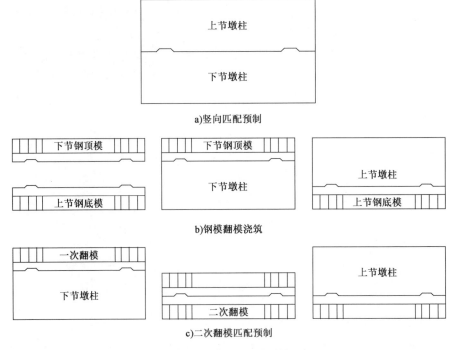

图 4-1 墩柱竖向匹配预制

4 混凝土入模温度应不低于5℃,且不高于28℃。当日平均气温达到30℃以上时,应按高温施工要求采取措施。

1 墩柱预制可采用竖向预制或卧式预制。从质量、安全的角度出发,一般推荐采用竖向预制法(释图4-8)。竖向预制施工较卧式预制安全:采用竖向法预制、运输和安装可操作性强,且不需考虑90°转体,所以更安全可靠;竖向预制施工在质量方面也优于卧式预制:竖向预制外模采用整体式钢模,可以达到平整光洁的要求,卧式预制的顶面收水质量将直接影响墩柱表观质量,其次采用竖向墩柱预制,与底模和台座的接触面小,对避免墩柱出现混凝土收缩裂缝有利。但当墩身结构的重心较高时,采用竖向预制在预制环节的施工难度较大,对起重设备的要求也更高。

释图4-8 预制立柱成品

2 由于灌浆套筒或灌浆金属波纹管为现场拼装精度控制的主要因素之一,因此在混凝土浇筑时宜先行浇筑连接部位范围内的混凝土,以减少扰动。

3 混凝土浇筑控制是保证预制质量的关键,在浇筑混凝土过程中(释图4-9),为了更好地控制墩身质量,混凝土宜一次性分层浇筑完成。采用分层浇筑时,按照顺时针方向分为6~8个浇筑点,避免混凝土落下时离散,同时安排相应的振捣人员进行振捣,保证混凝土密实,不发生漏振、少振现象。为使振捣更加密实,一般采取在外模上安装附着式振动器的方法,预制构件底部混凝土宜采用机械振捣,中上部机械辅助人工振捣;在浇筑混凝土时要注意分层厚度的控制,一般按照常规的30~50cm分层厚度下料能够满足质量要求。

释图 4-9 混凝土浇筑

4 控制混凝土入模温度能有效减少构件表面裂缝的产生,为提升预制墩柱外观质量,规定预制墩柱混凝土入模温度的上限值及下限值。入模温度的取值参考了现行《公路桥涵施工技术规范》(JTG/T 3650)中关于高性能混凝土入模温度的规定,且对多个项目进行调研,"不应低于5℃,且不高于28℃"是合理的范围值。

4.2.10 应根据施工对象、环境条件、混凝土原材料及混凝土性能等因素,制订具体的养护方案,构件预制完成后应及时养护,构件养护时间应不少于7d;当气温低于5℃时,应采取保温养护措施,不得向混凝土表面洒水;混凝土养护用水的品质应符合现行《混凝土用水标准》(JGJ 63)的规定。

常用的养护方式有自然养护(释图4-10)和蒸汽养护(释图4-11)两种方式。自然养护是在自然气温条件下采取覆盖浇水养护或塑料薄膜养护。蒸汽养护是将构件放置在有饱和蒸汽或蒸汽与空气混合物的养护室内,在较高的温度和湿度环境下进行养护,以加速混凝土的硬化,使之在较短的时间内达到规定的强度标准值。蒸汽养护方法主要有立窑、坑窑和隧道窑三种,立窑和隧道窑能连续生产,坑窑为间歇生产。蒸汽养护效果与蒸汽养护制度有关,包括养护前静置时间、升温和降温速度、养护温度、恒温养护时间、相对湿度等。蒸汽养护的过程可分为静停、升温、恒温、降温等四个阶段。

释图4-10 自然养护　　　　　　　释图4-11 蒸汽养护

自然养护成本低,简单易行,但养护时间长、模板周转率低、占用场地大。蒸汽养护可缩短养护时间,模板周转率相应提高、占用场地大大减少。

混凝土养护所需时间,以混凝土获得正常强度,停止养护后表面不再产生干缩裂纹为标准,正常强度值大小与水泥品种、气候条件及养护方法有关。条文中养护时间7d的规定是根据《混凝土结构工程施工质量验收规范》(GB 50204—2015)确定的。为了保证养护质量,要求混凝土表面应始终处在湿润状态下而非干湿交替状态。混凝土浇筑完毕后采用塑料薄膜覆盖或喷涂化学浆液保护层,防止混凝土内的水分蒸发散失,不致产生干缩裂纹。

当气温低于5℃时,混凝土的水泥水化凝结速度大为降低,其中的水分也不易蒸发出来,混凝土不会发生脱水(失水)现象,故条文规定不得向混凝土表面洒水,而应当顶盖保温,以加快混凝土中水泥水化凝结速度。

4.2.11 预制构件脱模和起吊时强度应符合设计规定;设计未规定时,承重模板宜在混凝土抗压强度达到设计强度的75%后拆模,起吊时混凝土抗压强度不应低于设计强度的80%。

预制构件在移运、存放或吊装时,混凝土仅承受构件本身自重产生的弯曲应力或轴心压应力,比受荷后的应力要小得多,因此当构件混凝土的强度达到设计强度等级的80%后进行脱底模、移运、存放和吊装等工作,可以保证安全。

4.2.12 预制构件出厂前,应检查并清理灌浆套筒或灌浆金属波纹管内腔及进出浆口,并对进出浆口进行临时封堵。

为防止杂物进入清理后的灌浆套筒或灌浆金属波纹管内腔及进出浆口,需利用套筒止浆塞(释图4-12)对进出浆口进行临时封堵。套筒止浆塞插入端的直径略大于套筒进出浆口,增加底部厚度,使止浆塞直接贴在模板面上,便于固定及拆模后的寻找。

释图4-12 止浆塞

4.2.13 预制构件的外观质量应符合现行《公路工程质量检验评定标准 第一册 土建工程》(JTG F80/1)的有关规定。

4.2.14 预制构件经验收合格后方可出厂。预制构件应满足表4.2.14中的验收标准要求。

表4.2.14 墩柱、盖梁构件预制质量验收标准

项　目		规定值或允许偏差	检查方法
混凝土抗压强度		在合格标准内	按现行GB/T 50107要求进行
构件尺寸(mm)	长度	±3	尺量
	宽度	±3	尺量
	高度	-3,+2	尺量
灌浆套筒(mm)	位置	2	尺量

续上表

项 目		规定值或允许偏差	检查方法
灌浆金属波纹管(mm)	位置	4	尺量
预应力管道(mm)	位置	4	尺量
预埋件(mm)	支座板等预埋钢板 位置	10	尺量
	支座板等预埋钢板 平面高差	5	钢尺和塞尺
	螺栓及其他预埋件 位置	5	尺量
	螺栓及其他预埋件 外露尺寸	±5	尺量
吊孔(mm)	位置	5	尺量

4.3 存放与运输

4.3.1 预制构件应满足设计规定的存放时间;当设计无要求时,自混凝土浇筑完成后起算至安装的时间不应少于14d。

预制节段的存放期应满足其完成混凝土的大部分收缩和徐变,一般在设计文件引用有关标准,辅以附加要求和说明以进行明确规定。《公路桥涵施工技术规范》(JTG/T 3650—2020)规定了当设计无要求时,预制墩柱的存放时间不少于28d;本规范将墩柱存放时间的规定调整为设计无要求时,预制墩柱的存放时间不少于14d。通过工艺试验研究及理论分析,墩柱在14d内能完成80%以上的收缩,且下部结构整体收缩徐变对桥梁结构受力无影响,对高程影响较小且可通过调整支座垫石消除。经过大量工程调研发现,存放时间过长不仅影响现场快速装配,而且需要较大的存放场地,造成土地资源浪费,因此本规范将存放预制墩柱、盖梁的时间由28d缩短至14d。

4.3.2 墩柱采用立式存放时,应对墩柱进行抗倾覆验算,抗倾覆系数应不小于1.5。抗倾覆验算时应考虑风荷载、地基不均匀沉降引起的倾覆荷载。

墩柱立式存放时,端部为主要受力点,且墩柱较高,该处的地基可能需承受较大的荷载,故应进行抗倾覆验算。

4.3.3 当施工方案要求墩柱由立式放置改为水平放置时,支点位置及数量应满足承载力及裂缝限值要求,并报设计或监控等相关单位复核,宜制定详细操作流程,宜设置专门翻身吊架,翻身作业不得对墩柱造成损坏。

构件吊运翻身过程中,主要考虑以下几个问题:构件的加强措施;构件的重量及重心;起重机的许可负荷;吊环的数量、类型、规格、安装位置及补强;钢丝绳吊索的规格、数量、钢丝绳吊索间的夹角、卸扣的规格;翻身的方式;一般安全要求等。

4.3.4 构件运输前应编制详细的构件运输方案和专项保护方案,方案应包括构件放置方向、支点设置、吊点设置、构件翻身处理、外露钢筋保护等内容,运输方案必要时应报送有关主管部门审批。

成品构件在存放和运输过程中要做好保护,以免产生变形和表面受损等情况。专项保护方案需综合考虑构件的结构特点、场地情况、作业环境条件、装卸起重设备、运输工具、运输方式、运输路线、安全风险等因素,并借鉴以往工程的成功经验进行编制。

4.3.5 预制构件的陆上运输应符合下列规定:
1 在陆地上运输墩身、盖梁预制节段时,宜采用专用运输台车,或采用经改装能适应节段运输的车辆。

2 运输线路的路面应平坦,路基或桥涵应有足够的承载能力。
3 采用平卧方式运输节段时,应提前对节段的受力进行验算,合理设置支点,并应在支点处设置缓冲材料,使节段的受力均匀,对节段的捆绑固定措施应可靠。
2 在山区公路运输时,还要考虑车辆的最小转弯半径和车辆的稳定性等情况。
3 为避免预制构件在装载运输时出现破坏,前期需对梁段进行结构受力验算,满足运输过程中的受力要求,运输支点位置应满足设计要求。

4.3.6 预制构件的水上运输应符合下列规定:
1 水运预制构件时,宜采用自航式运输驳船,且其有效使用面积和载质量应满足预制构件装载和载重的要求。
2 运输前,应按装载和运输条件下的各种工况,对船舶的强度进行核算和加固计算,并应对船体进行必要的加固处理;同时应对船舶的稳定性进行验算。
3 在运输船上装载预制构件时,应采用型钢设计用于固定节段的专用支架和底座,保证预制构件在水上运输过程中各种工况条件下的稳定性。
4 尚应符合海事和航道管理部门对水上运输的相关规定,保证水上运输的安全。

水上运输要区分是内河水运还是海运,同时需要制订专项运输方案,其内容一般包括工程概况、总体运输部署、运输方案、运输船舶安全航行、运输船舶抛锚定位方法及应急预案,运输船舶航行安全管理制度、船舶发生应急情况后的应急处理方案、防台防汛工作预案、贯彻绿色航运理念等。船舶运输时还需要进行货物的绑扎设计和计算。

4.4 构件安装

4.4.1 墩柱、盖梁安装前应做好施工准备工作,并应满足下列要求:
1 安装吊具应进行专门设计。
2 应根据构件的特点及连接方式特点制定作业指导书。
3 安装前应对节段拼接缝进行表面处理,清除尘土、油脂等污染物及松散混凝土与浮浆,确保表面无油、无水、无灰尘,需坐浆的接缝表面宜进行凿毛处理。

条文说明

墩柱、盖梁构件连接的主要方式有钢筋灌浆套筒连接、钢筋灌浆金属波纹管连接、预应力连接(精轧螺纹钢、钢绞线)、湿接缝连接(承插式连接、钢筋插槽式连接、钢筋锥套-现浇连接),其中钢绞线连接有传统的两端张拉方式,也有一端自锁的新型连接方式。各类连接方式如图4-2~图4-4所示。

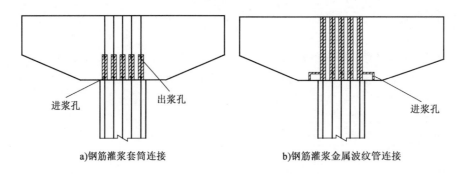

图4-2 预制墩柱与盖梁连接

4 墩柱与盖梁

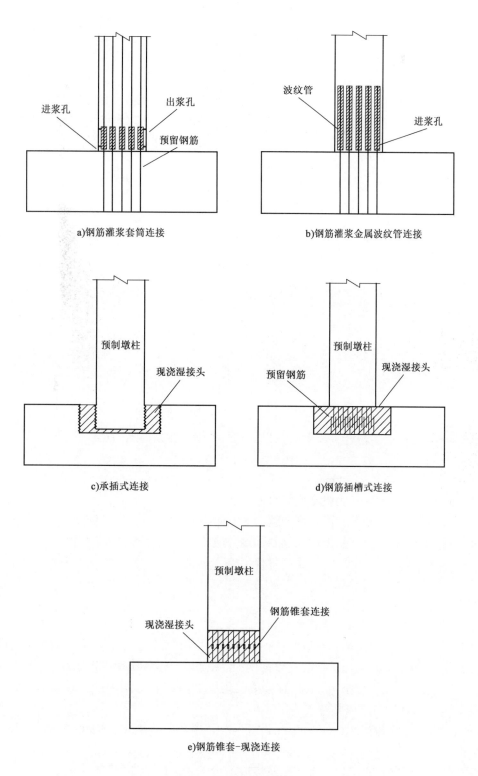

图 4-3 预制墩柱-承台连接

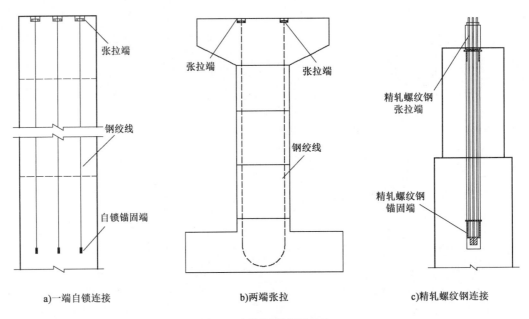

a) 一端自锁连接　　　　b) 两端张拉　　　　c) 精轧螺纹钢连接

图 4-4　多节段预制墩柱连接

1 墩台身不同预制节段的构造形式有可能不一样,特别是顶节与底节和中间节的外形构造有较大的区别,吊装孔的形式和设置位置也可能不尽相同,因此,尽管设计会对此做出规定,但为保证施工的安全,在设置前仍需要对吊点的受力进行必要的复核和验算。

2 为确保墩柱工程质量和施工安全,规范现场施工管理及作业程序、过程控制标准,指导施工人员在墩柱施工过程中严格按照设计要求、规范及质量验收标准进行施工,需根据工程概况及墩柱施工工艺等编制专项施工方案。

4.4.2 墩柱安装前应对下部构件拼接面的坐标、高程、平整度及预埋钢筋定位等进行复核,应满足下列要求:

1 坐标及高程允许误差为 ±2mm。
2 采用结构胶处理接缝时,平整度允许误差为 ±1mm/m。
3 采用砂浆处理接缝时,平整度允许误差为 ±2mm/m。
4 采用钢筋灌浆套筒连接时,下部预埋钢筋定位应符合本规范第4.2.5条的规定。

拼接面的坐标、高程和平整度,以及预埋钢筋定位是墩柱安装时需要重点控制的指标,因此需对其检查复核。

4.4.3 采用砂浆垫层拼缝施工时,应满足下列要求:

1 不同类型构件拼接缝间的垫层砂浆,应采用高强补偿收缩砂浆,在同尺寸试块加载试验下,28d抗压强度应不小于60MPa,且高出被连接构件强度5MPa,28d竖向膨胀率应控制在0.02%~0.10%。

2 垫层砂浆初凝时间不应小于2h,且宜选用质地坚硬、级配良好的中砂。砂的细度模数不应小于2.6,含泥量不应大于1%,且不应含有泥块。

3 构件安装前,应将拼接面充分湿润后,设置调节装置及调节垫块,铺设砂浆垫层,砂浆铺设厚度应大于垫块高度5mm。

4 在拌制砂浆垫层时,对应每一批次砂浆应取不少于3组的试件,标准养护28d后进行抗压强度试验。

5 在安装过程中,砂浆垫层连接处宜一次坐浆完成安装,构件调节及安装完成时应保证浆液饱满。

4 墩柱与盖梁

条文说明

采用砂浆垫层拼缝施工时,墩柱与承台、墩柱与盖梁的拼缝施工工艺通常如下:

墩柱与承台的安装工艺流程:拼接面凿毛、清理→拼接缝测量→铺设挡浆模板→调节垫块找平→充分湿润拼接缝表面→铺设砂浆垫层→墩柱吊装初步就位→调节设备安放→垂直度、高程测量→调节墩柱垂直度→钢筋灌浆套筒连接或钢筋灌浆金属波纹管连接。

墩柱与盖梁的安装工艺流程:拼接面凿毛、清理→拼接缝测量→铺设挡浆模板→调节垫块找平→充分湿润拼接缝表面→铺设砂浆垫层→盖梁吊装初步就位→调节盖梁空间坐标→钢筋灌浆套筒连接或钢筋灌浆金属波纹管连接。

1 垫层砂浆是装配式结构的关键连接材料之一,其技术性能直接影响结构安全,因此,应采用高强补偿收缩砂浆。

2 对于不同类型构件,如墩柱与承台、墩柱与盖梁,考虑到拼接缝的有效施工时间和强度等级,应选择有效施工时间较长的高强砂浆,因此初凝时间不小于2h。

3 调节垫块是控制立柱高程、竖直度和砂浆垫层厚度的重要部件,考虑其调节功能和挤接缝的强度,垫块高度不宜过大,一般控制在30mm以内,材质可以是四氧板、不锈钢板、橡胶支座或为其组合材料等。

4.4.4 钢筋灌浆套筒连接或钢筋灌浆金属波纹管连接施工时,灌浆料拌制及灌注应满足下列要求:

1 灌浆前应再次检查灌浆套筒或灌浆金属波纹管,确保内腔通畅无杂质。

2 应依据设计要求和试验测试结果,精确控制浆体配合比。

3 灌浆料宜在安装前进行流动度测试及1d龄期抗压强度测试,且灌浆料性能应满足表4.4.4的要求。

4 应采用专用设备进行搅拌和灌浆,并严格控制搅拌、灌浆工艺参数。

5 灌浆料每批次应制取不少于3组试件,标准养护28d后进行抗压强度试验。

6 在压浆之前压浆口和出浆口应采取临时封堵措施,灌浆操作时出浆口高度应高于灌浆套筒顶部10cm以上,且连续冒浆时方可停止注浆,并能成功进行封堵和保压,冒浆及封堵检验覆盖率应为100%,且应做好灌浆全过程的视频记录。

7 灌浆施工应保持连续,现场应配备应急发电设备及高压水枪等清理设施。

8 灌浆完成后应及时清理残留在构件上的多余浆体。

9 灌浆套筒及灌浆金属波纹管灌浆料试验方法尚应符合现行《钢筋连接用套筒灌浆料》(JG/T 408)的有关规定。

表4.4.4 灌浆料性能要求

检测项目		性能指标
流动度(mm)	初始	≥300
	30min	≥260
抗压强度(MPa)	1d	≥35
	3d	≥60
	28d	≥100
竖向膨胀率(%)	3h	≥0.02
	24h与3h差值	0.02~0.5
氯离子含量(%)		≤0.03
泌水率(%)		0

条文说明

钢筋灌浆套筒连接或钢筋灌浆金属波纹管连接施工时,灌浆料每批次应制取不少于3组试件。该处的"每批次"指同一天同一台班施工时,与施工部位无关,灌浆料制取不少于3组试件。

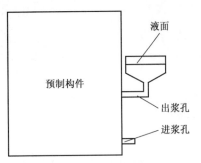

图4-5 微重力流补浆示意图

灌浆套筒灌浆质量检验难度较大,施工中要严格按照操作流程进行灌浆,并100%记录灌浆过程的冒浆及封堵情况。与此同时,采用一些新方法如"微重力流补浆",能提升灌浆质量。即在出浆口上方布置透明容器,堵塞灌浆口之后维持透明容器中灌浆料液面高度,及时补浆,可帮助套筒排气(图4-5)。

灌浆套筒无损检测方法包括超声波法、冲击回波法、X射线工业CT法、阻尼振动法、X射线法和预埋钢丝拉拔法等。

6 灌浆前通常利用套筒灌浆工艺试验确定标准灌浆工艺流程,即对试验中完成灌浆的试件进行切割处理,检验灌浆密实度,最后基于具有良好密实度的灌浆工艺流程形成后续灌浆操作的标准化操作流程。灌浆过程中,利用录制视频的方式保留全过程操作记录,以备后续查验灌浆操作的规范性,从而保证灌浆密实度。

9 目前灌浆套筒无损检测的新技术还有芯片检测法,该方法能实现在预制结构完成拼装后,快速且反复的开展灌浆饱满度检测。其检测装置包括套筒本体、导轨、芯片球和芯片。由于芯片球的密度小于灌浆料,会上浮到灌浆料顶端,芯片在一定距离范围内能够被阅读器识别。套筒为金属结构,当灌浆不饱满时,芯片球未漂浮在出浆口附近,由于套筒的屏蔽作用,在出浆口无法阅读到信号;当灌浆饱满时,芯片球漂浮在出浆口附近,可在出浆口识别芯片信号。因此可通过此方法实现灌浆套筒灌浆饱满度的检测。

具体检测步骤(释图4-13)如下:①制作包括导轨的套筒,并在套筒中设置包含芯片的芯片球;②在待测试的预制构件中安装套筒;③安装待测试的预制构件,并浇筑灌浆料;④利用阅读器在套筒的出浆口附近检测芯片的信号,判断灌浆饱满度。

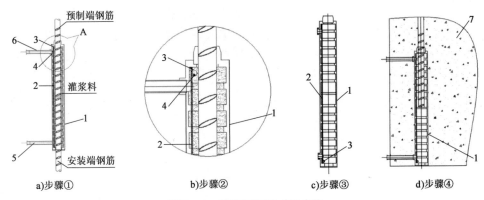

释图4-13 灌浆套筒芯片检测步骤
1-套筒;2-导轨;3-芯片球;4-芯片;5、6-出浆口;7-预制构件

4.4.5 当构件采用承插式或钢筋插槽式连接时,应满足下列要求:

1 墩柱安装前应清理槽口,并在承台槽口内设置2cm厚的砂浆垫层找平,砂浆的厚度应均匀,且应一次性浇筑完成。

2 湿接头内的钢筋设置应符合设计规定。

3 构件安装就位后应采用调位装置对其进行三维调节、精确定位,并应启用锁定装置将其及时锁定。

4 湿接头应采用符合设计规定的混凝土,其配合比应进行专门设计并经试验验证。对连接面混凝土应进行严格凿毛处理,并应将连接界面清理干净,浇筑前应采用淡水充分湿润或涂刷界面剂。湿接头混凝土宜在一天中气温相对较低的时段在无水状态下浇筑,浇筑后的保湿养护时间应不少于14d。

4 目前,暂无规范对承插式连接构造的墩柱安装进行规定,本规范的条文主要来自工程总结,连接面混凝土的凿毛和混凝土的浇筑及养护借鉴了《公路桥涵施工技术规范》(JTG/T 3650—2020)对湿接缝混凝土的有关规定。

4 墩柱与盖梁

4.4.6 当构件采用钢筋锥套-现浇连接时,应满足下列要求:

1 锥套的规格应与钢筋规格一致。
2 锥套锁片安装时,三片轴线位置相应误差不应大于3mm。
3 接头连接前钢筋的径向、轴向允许误差范围应符合表4.4.6的规定。

表 4.4.6 钢筋锥套-现浇连接接头钢筋位置允许误差参数

钢筋强度等级(MPa)	钢筋径向最大允差范围(mm)	钢筋轴向间隙最大允差范围(mm)
400	≤d	0~20
500	≤d	0~15

注:d-钢筋公称直径。

4 预制墩柱在安装前应检查承台、墩柱结合面的凿毛情况,凿毛最小深度不应小于8mm。
5 湿接头模板安装前,应检查锥套连接接头质量、湿接头钢筋布置情况是否符合设计要求。
6 湿接头模板加工应同于预制墩柱模板,安装前应对几何尺寸进行检查,保证构件尺寸、形状,安装成型模板应安装紧密,不漏浆。
7 湿接头自密实混凝土浇筑完毕,应及时采取适宜的养护措施,保湿养护时间不得少于14d。
8 湿接头自密实混凝土达到设计强度90%以上时,方可进行上部构件安装工作。

1~3 钢筋锥套连接是一种新型钢筋连接方式,通过在南京五桥、深中通道等项目大规模应用,技术已较为成熟,并形成了中国公路学会团体标准《公路桥梁锥套锁紧钢筋接头技术指南》(T/CHTS 10005—2018),本规范钢筋锥套连接的工艺要求借鉴了该团体标准的有关内容。

6 对湿接头混凝土,虽然浇筑的方量不大,但对其外观和密实性的要求较高,因此对模板的要求也较高,例如要求模板板面与墩身表面密贴、不漏浆;固定模板的方式需可靠,使模板在浇筑混凝土的过程中不会产生移位;需要与墩身的构造相适应,接缝不会产生错台;模板的安装和拆除要方便等。

8 上部构件的安装需要在湿接头混凝土浇筑完成并达到一定强度、能承受结构的受力要求后才能进行,从而保证结构的安全性。

4.4.7 采用胶接缝分节段安装墩身构件时,应符合下列规定:

1 安装前应在适宜位置设置操作平台。
2 结构胶应符合设计规定的质量和力学性能要求;当设计无要求时,结构胶性能应符合本规范附录A的规定。胶接缝施工应符合本规范第5.5.3条的规定。
3 墩身节段起吊安装就位后,应立即检查复核其平面位置、高程与竖直度,不符合要求时应及时进行调整。安装应保证节段之间的剪力键(槽)密贴。
4 墩身节段安装完成并经检测其平面位置与竖直度符合要求后,起吊墩身节段应进行涂胶施工,涂胶施工完成后下放,及时进行临时固定,并应按设计规定对预应力钢束施加预应力,同时对胶接缝进行挤压。
5 整个施工过程应保持孔道密封,防止外部结构胶、砂浆、杂物等进入。
6 预应力张拉和孔道压浆的施工应符合设计要求,设计未要求时应符合现行《公路桥涵施工技术规范》(JTG/T 3650)的规定。孔道压浆完成后应按设计要求浇筑封锚混凝土。
7 当采用预应力精轧螺纹钢连接墩柱构件时,预应力宜进行超张拉及二次张拉。

条文说明

由于粗钢棒连接可能多次接长,预应力损失较大,需先超张拉至105%的控制应力,持荷5min后锚固,并在28d后再次超张拉至105%的控制应力,且在持荷5min后锚固。

1 操作平台(释图4-14)和上下步梯是作业人员进行施工操作时的重要临时设施,安装前应在节段上部的适宜位置设置操作平台,在墩侧的承台上设置供作业人员上下的步梯。操作平台和上下步梯宜采用钢结构制作,且应进行受力计算和验算,其安装应牢固、稳定;步梯应附着在已安装完成的墩身上。

释图4-14　墩身节段操作平台

3　平面位置、高程、竖直度,以及节段之间剪力键(槽)的密贴程度是墩身节段安装时需要重点控制的指标,因此需要对其检查复核。

4　墩身节段安装前,对节段匹配面进行预处理,除去油脂、尘土等松散物,并保持表面干燥。墩身匹配面涂抹黏结剂,环氧树脂胶应根据环境温度、固化时间和强度要求选定配方,固化时间应根据操作需要确定,符合设计要求方可使用。环氧树脂涂抹厚度不宜超过3mm,涂胶时,混凝土表面温度不宜低于15℃,在冬季低温条件下使用黏结剂时应采取保温措施。

5　涂胶作业时要求均匀、快速,作业时严禁将胶涂入预应力孔道,当不慎涂入时,应及时清除干净,防止孔道堵塞。

6　孔道压浆一般采用普通与真空辅助两种技术。压浆完成后对墩顶混凝土凿毛并将其周围冲洗干净,设置钢筋网、浇筑封锚混凝土;封锚应采用与结构或构件同强度的混凝土;锚具一般布置在结构或构件的端部,是受环境影响较大的部位,且锚具又处于高应力状态,因此,需按设计要求对其进行封闭保护或防腐处理。

4.4.8　当采用预应力钢绞线连接墩柱时,应满足下列要求:

1　安装前应检查各构件中的预埋管位置是否准确,是否有过大变形,内孔应清理干净。

2　穿索前应确认索号是否正确,在每根钢绞线尾部做好编号,编号应与工作锚板锥孔一一对应。

3　预应力张拉施工应满足现行《公路桥涵施工技术规范》(JTG/T 3650)的要求。

4　张拉完成后应及时灌浆,灌浆宜采用水泥浆,强度不应小于45MPa。

1　预应力筋连接构造是将墩柱划分成若干节段,每个节段中预留孔道,运输到现场后一段段吊装接高,再竖向张拉预应力筋将所有墩柱连接起来,因此安装前需对预埋管位置及孔道进行检查,确保安装时墩柱节段间预应力管道能精准对位。

2　现有工作锚板上的锥孔密集,钢绞线线束的钢绞线数量和锥孔一一对应,数量较多,容易导致多根钢绞线乱成一簇,因此将钢绞线线束分为多组并编号,使每组钢绞线与工作锚板上的锥孔一一对应,规整钢绞线安装端的布局,可提高钢绞线线束与工作锚板的插装效率,确保穿束无误。

4　预应力钢绞线张拉后长时间不压浆会增加应力松弛引起的预应力损失,因此,张拉锚固后应及时压浆,一般应在24h内完成,如情况特殊不能及时压浆的,应采取保护措施,保证锚固装置及钢绞线不被锈蚀,以防滑丝。

水泥浆具有制浆顺利,能快速、饱满地填充管道,硬化过程中不泌水和微膨胀性等优点,作为灌浆料保证了浆体与预应力筋及波纹管壁的结合力,且水泥浆早期强度上升较快,后期强度较高,保障了预应力构件的承载能力和耐久性。

4.4.9 盖梁的安装施工应符合下列规定：

1 安装盖梁预制构件前，应先检查盖梁预留槽（孔）的位置是否与墩身的相应位置一致，有偏差时应采取适当的措施进行调整。

2 盖梁预制构件安装就位后应采用调位装置对其进行空间位置调节。

3 应采取可靠的临时固定措施，在构件精确就位后对其进行临时固定，未固定前不得将起重机的吊钩松脱。

4 分节段匹配安装盖梁预制构件时，节段拼接面的正压应力宜为0.3MPa；胶接缝施工应符合本规范第5.5.3条的规定；预应力张拉和孔道压浆施工应符合设计和现行《公路桥涵施工技术规范》（JTG/T 3650）的规定。

2 预制盖梁对接完成后，通过全站仪观测，记录并调节垂直度、高程及平面位置（释图4-15、释图4-16）。

释图4-15 预制盖梁安装

释图4-16 预制盖梁位置校核

3 双柱墩盖梁节段悬臂端长度较长，盖梁重心位于墩柱外侧，产生倾覆力矩，因此，需要设置临时锚固措施，确保节段安装稳定。一般采用精轧螺纹钢进行反拉（释图4-17），底端锚固在承台、扩大基础反力架上，顶端通过盖梁内设置的竖向预埋管道锚固在盖梁顶面。临时锚固完成后，履带吊松勾，连接盖梁节段之间的钢筋，进行湿接缝的浇筑。

门式墩盖梁和框架墩盖梁边墩侧部分，内、外侧悬出长度差距较大，若采用精轧螺纹钢反拉，一方面是所需反拉力非常大，另一方面是盖梁拼装应力非常大，因此，一般采用落地钢管支架辅助拼装（释图4-18），支架上方设置工字钢承受盖梁荷载，承重梁与盖梁节段之间放置橡胶垫板，以适应盖梁横坡、增大受力面积、较少成品盖梁节段的磨损。

释图4-17 螺纹钢反拉固定盖梁

释图4-18 墩盖梁安装临时支架

4 预制盖梁养护达到一定强度后,安装预应力钢绞线和锚具,进行两端预应力初张拉;完成初张拉后将盖梁吊离,进行预应力终张拉;终张拉完成后,进行封锚压浆。孔道压浆在预应力张拉完成24 h内开始施工,施工前需先抽真空处理,要保证孔道真空度控制在 −0.06 ~ −0.08 MPa 范围内。待其稳定后,打开压浆端孔道阀体,并开始进行压浆。对还未张拉的预应力束孔道两端进行封堵,水泥砂浆设计强度要达到M60,阻锈剂掺量应满足要求。

4.4.10 构件安装定位固定后,临时施工措施拆除应满足下列要求:

1 采用钢筋灌浆套筒或钢筋灌浆金属波纹管连接时,灌浆料强度应大于35MPa后方可拆除并进行下一安装工序施工,对进入下一工序灌浆套筒或灌浆金属波纹管出现拉应力的构件,灌浆套筒或灌浆金属波纹管内灌浆料强度宜大于60MPa;设计有规定时,应按设计要求执行。
2 采用预应力连接时,永久预应力施工完毕方可拆除临时施工措施。
3 采用承插式或钢筋插槽式连接时,湿接头混凝土应达到设计规定的强度等级,未规定时,应达到不低于设计强度的80%,方可拆除临时施工措施。
4 盖梁分节段安装施工时,临时预应力应在永久预应力张拉完成且波纹管内灌浆料达到设计要求强度后,才能拆除。

1 本条为补充规定,现行标准尚无相关规定。墩柱安装完成后需要进行盖梁安装、主梁架设等其他工序,为了避免后续施工对灌浆套筒连接的扰动,应明确下阶段工艺施工时灌浆料应达到的强度,但国内现行标准尚无相关规定。美国AASHTO规范对该强度做了规定,因此本条借鉴了AASHTO规范的相关规定。

3 承插式接缝连接构造是将预制墩身插入基础的预留孔内,然后在基础底部铺设一定厚度的砂浆或现浇混凝土,临时结构拆除需要在湿接头混凝土浇筑完成并达到一定强度、能承受结构的受力要求后才能进行,《公路桥涵施工技术规范》(JTG/T 3650—2020)规定,设计无规定时,湿接头混凝土强度不低于设计强度的80%方可进行结构施工,因此本条借鉴《公路桥涵施工技术规范》(JTG/T 3650—2020)对临时固定措施拆除时湿接头混凝土强度等级进行了规定。

4 盖梁分节段安装时,为保证节段安装稳定,一般采用临时预应力固定节段,同时提供胶结缝胶体凝时需要的应力,待盖梁永久预应力张拉并灌浆完成后,各个节段形成一个整体,此时拆除临时固定的预应力是安全的。

4.4.11 墩柱及盖梁安装完成后,应满足表4.4.11规定的验收标准。

表 4.4.11 墩柱及盖梁安装验收标准

项 目	规定值或允许偏差	检查方法
整节段倾斜度	0.1%,且≤6mm	全站仪或吊线、尺量
节段间错台(mm)	2	尺量
轴线偏位(mm)	3	全站仪
顶面高程(mm)	±5	水准仪
相邻墩、柱间距(mm)	±5	尺量

附:一体化架设技术

针对由预制墩柱、盖梁及预制主梁组成的全装配式桥梁结构,目前常用的施工工艺为履带式起重机、汽车式起重机安装墩柱盖梁,架桥机安装主梁,该工艺现场设备种类多、临时占地面积大、场地条件要求高、交通环境干扰大,已很难满足城市交通繁忙地区市政桥梁工程建设的要求。为解决上述问题,进而充分发挥装配式结构施工的优势,提出了墩梁一体化架设工艺(释图4-19),将全预制装配式桥梁的上部结构和下部结构分配至一体化架桥机的不同工作面进行安装,并且通过合理布置不同工作面的工序,使各工作面工效相匹配,实现一体化工艺流水作业,提高了施工效率,同时所有构件在桥面运输,使整个施工过程"零着陆",显著降低了对周边环境的影响;研制了实现一体化架设工艺的落地前支腿式一体化架桥机,并开发了设备专用的安全监控系统及智能定位系统,实现了装备的智能化操作。

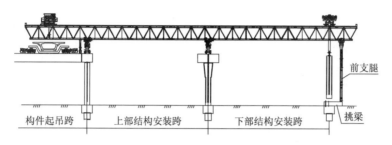

释图4-19　一体化架设工艺原理

目前,该一体化架设技术已成功应用于深圳盐港东立交工程(释图4-20),该项目的预制桥墩分花瓶式独柱墩、双柱墩和三柱墩,共87个墩柱,最大墩高12.68m,最大吊重约89t。通过利用该技术,首次实现了混凝土节段梁与预制墩柱的同步一体化安装,显著提高了施工效率,缩短工期40d,并在最大限度上降低了对交通、环境的影响,同时助力该工程成为深圳市首个装配式桥梁示范工程。一体化架设技术具有环境交通干扰小、施工快速、场地处置小的优势,契合国家节能环保的要求,在城市化地区的新建、改扩建项目中具有广阔的应用前景。

释图4-20　深圳盐港东项目应用一体化架设技术的现场情况

5 混凝土节段梁

节段预制拼装是将整孔桥梁沿纵向分段，每段在预制场进行匹配预制，在现场运用架桥机等专用拼装设备在桥梁下部结构之上，按次序逐块悬臂或整跨组拼，节段间采用专用胶干拼或浇筑混凝土湿拼，同时施加预应力，使之成为成体结构，并沿既定的方向逐跨拼装的一种桥梁建造技术。1946年，法国工程师弗奈西奈(Freyssinet)设计了世界上第一座节段预制拼装桥梁——法国马恩河上的吕章西大桥[Luzancy Bridge，释图5-1a)]，该桥上部结构为54m跨的拱桥，主梁沿纵向划分为3个节段，节段间采用湿接缝连接，然后通过后张12束直径5mm钢束使各个节段形成整体，该桥还设置有横向、竖向预应力束。随后，弗奈西奈的学生金米勒(Jean Muller)相继主持设计了谢尔顿桥(Shelton Bridge)(美国，1954年)、克雷泰伊桥[Choisy-le-Roi Bridge，释图5-1b)](法国，1962年)、奥莱隆大桥[Oleron Viaduct，释图5-1c)](法国，1964年)、贝尼特桥[Benite Bridge，释图5-1d)](法国，1965年)，将节段预制拼装技术推广至全世界。2000年，由金米勒国际公司和德国比尔芬格柏格公司(Bilfinger Berger)设计，在泰国曼谷建成了世界上最长及最大预制作业的曼纳高速公路桥[Bang Na Expressway，释图5-1e)]，该桥上部结构为连续箱形结构，运用了短线匹配预制、节段拼装、干接缝和体外预应力技术。随后，泰国、日本和澳大利亚的许多交通项目中也采用了节段预制拼装技术。

a)法国吕章西大桥

b)法国克雷泰伊桥

c)法国奥莱隆大桥

d)法国贝尼特桥

释图 5-1

e)泰国曼谷曼纳高速公路桥

释图5-1 国外典型节段预制拼装桥梁

我国节段预制拼装桥梁技术的起步相对较晚。2000年以后，我国在一些大桥的引桥部分建设中，也逐渐开始采用节段预制拼装技术。2008年建成通车的苏通长江大桥的深水区引桥(释图5-2)，采用了75m跨节段预制悬臂拼装施工混凝土箱梁桥；上海崇明长江大桥非通航孔桥和南京长江四桥的南、北引桥也采用了节段预制拼装大型连续箱梁。芜湖长江二桥引桥采用跨径30m、40m、50m、55m的轻型薄壁全体外预应力节段拼装连续箱梁。总体来说，节段预制拼装技术在我国中、大跨径的箱梁桥领域应用已十分广泛(释图5-3)。

释图5-2 苏通长江大桥深水区引桥

a)芜湖长江二桥

b)港珠澳大桥悬臂拼装

释图 5-3

c)上海崇明长江大桥

d)南京四桥整孔拼装

释图5-3 节段预制拼装混凝土箱梁

节段梁在预制场通常采用短线法预制,其线形按照系统控制理论进行各阶段控制。节段预制拼装桥梁的主要施工方法为逐跨拼装和对称悬拼,如释图5-4所示,逐跨拼装施工主要适用于30~50m的简支梁或多跨连续梁桥,对称悬拼适用于50~70m的连续梁桥或连续刚构桥。

a)崇启大桥整孔拼装

b)鱼山大桥拼装

c)逐跨拼装施工

d)悬臂拼装施工

释图5-4 节段预制拼装施工方法

混凝土节段预制拼装箱梁之所以能被工程界广泛认同,主要的优势表现在:①采用流水作业,箱梁的预制和安装可以分开进行,相互不干扰,缩短了施工工期;②桥梁上部结构节段预制和下部结构的施工可同时进行,施工速度快,预制效率可达1.5d/榀/台座,综合架设效率可达7~10d/跨;③混凝土节段梁的模板、钢筋、混凝土、养护等主要施工环节在工厂内完成,专用机械设备和信息化手段更容易与传统工艺融合,质量更容易检测与控制,预制成品的品质相比现浇结构更易得到保障,而且上部结构线形控制较为容易;④节段箱梁的养护时间较长,成桥以后梁体的徐变和预应力损失较小;⑤有利于桥位处的环保,减少了对桥下现有交通的影响。

5 混凝土节段梁

5.1 一般规定

5.1.1 节段预制施工应根据预制场地条件、设计要求、施工工艺等，确定采用短线法预制或长线法预制。本章内容适用于采用短线法预制工艺的节段拼装箱梁。

节段梁的总体预制工艺分为长线法与短线法两种，相较于长线法，短线法预制台座占地面积小，但施工控制难度大。由于线形控制方便，早期节段梁项目多采用长线法；随着施工控制技术理论的发展成熟，以及土地资源的日益短缺，短线法技术优势明显，目前国内节段梁项目基本采用短线法预制。

5.1.2 采用架桥机进行节段拼装施工时，应根据节段的设计信息和现场条件选定架桥机参数。

此处节段梁设计信息主要指节段梁重量、宽度、高度、跨径、转弯半径、纵坡及横坡等设计值；现场条件主要包括运输条件、保通要求、环保要求及限高等其他制约因素。架桥机参数主要指架桥机长度、跨度、梁高、最大悬挂重量、最大起吊重量、适应的最大横坡、纵坡及最小曲率半径等。

5.1.3 架桥机应根据静载、动载试验结果进行评估，评估通过后方可进行节段吊装。架桥机的试验应符合现行《起重机 试验规范和程序》（GB/T 5905）和本规范的规定，与通用门式起重机相同的试验（检验）项目可按现行《通用门式起重机》（GB/T 14406）执行。

根据《起重机 试验规范和程序》（GB/T 5905—2011）的相关规定，架桥机的试验和检验程序主要包括架桥机性能的合格试验和检验、目测检验及起升荷载检验，起升荷载检验又包括静载试验、动载试验和稳定性试验（需要时）。

（1）静载试验

各起升机构的静载试验应分别进行，如果起重机的规范允许，还应做起升机构联合动作的静载试验。试验时应根据实际使用情况使起重机处于主要部件承受最大钢丝绳载荷、最大弯矩和/或最大轴向力的位置和状态。试验载荷应逐渐加上去，起升至离地面100～200mm处，悬空时间不应少于10min，更高值应按国家法规要求或在订货合同中规定。

一次静载试验不能使起重机的每一个主要部件都能承受最大弯矩和/或最大轴向力时，应进行附加的静载试验或使这些部件承受所需力的试验。

如果国家法规或订货合同中没有更高值要求，所有起重机的试验载荷都应为$1.25P$，其中P定义为：对于流动式起重机，为额定起重量（起升机构上载荷的重量，包括有效起重量和吊钩滑轮组的重量）；对于其他类型的起重机，为制造商规定的最大起重量。

（2）动载试验

起重机的各机构应分别进行$1.1P$的动载试验，当在起重机规范中有规定时，应做联合动作试验，试验应在各机构承受最大载荷的位置和状态下进行。试验应包括对各机构在其整个运动范围内做反复起动和制动，还应包括对悬挂着的试验载荷做空中起动，此时试验载荷不应发生不受控制的动作。如果各部件能完成其功能试验，并在随后进行的目测检验中未发现机构或结构部件有损坏，且连接处也没有松动或损坏，则认为该项试验的结果合格。

动载试验时，起重机应按照操作手册的规定进行控制，且应注意把加速度、减速度和速度限制在起重机正常工作的范围内。

5.1.4 应对节段梁预制、拼装进行全过程的施工监控，确保结构内力及线形满足设计要求。

节段梁施工时，需要对构件预制、安装的过程进行监测和控制，以使最终的成桥线形达到设计所要求的期望值。由于构件的预制线形会对安装过程的施工监控产生较大的影响，因此就需要尽早建立施工监控体系，并根据安装施工的总体技术方案，对结构的内力和变形进行必要的分析计算，确定构件的预制线形,在制造前提供给预制生产单位,以保证施工的顺利进行。

5.2 构件预制

5.2.1 节段梁预制场地总体规划布置,应符合本规范第4.2.1、4.2.2条的规定。

条文说明

预制场地布置原则:科学合理,经济适用,功能齐全,方便施工,保护环境,促进生产。为满足节段梁预制施工需求,预制场按功能划分为钢筋加工区、钢筋绑扎区、节段梁预制、混凝土养护区、修整区、存梁区、出运码头、材料堆存区、生活办公区及其他配套辅助生产设施功能区等,如图5-1所示。

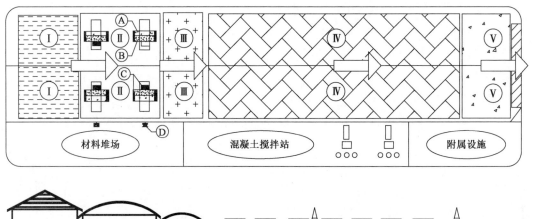

图 5-1 预制场布置示意图
Ⅰ-钢筋加工及绑扎区;Ⅱ-梁段预制区;Ⅲ-混凝土修整养护区;Ⅳ-梁段堆存区;Ⅴ-梁段出运区
A-匹配梁段;B-预制梁段;C-液压模板系统;D-测量系统

预制台座下方的地基采用便捷的方式进行处理,结合地质勘察条件必要时采用桩基、钢筋混凝土扩大基础等方式进行加固,以提高地基承载力及刚度,满足节段梁预制精度要求。

施工周期内按表5-1所示频次进行沉降观测。

表 5-1 预制台座观测频次

观测阶段	观测频率		备 注
	观测期限	观测周期	
制梁台座施工完成	按设计荷载120%加载	加载前后	设置观测点、消除非弹性变形
制梁后	前5榀梁	1次/d	测试台座浇筑过程沉降
移梁后	前5榀梁	1次/d	

传统节段梁生产线为固定台座,基于移动台座的流水线(释图5-5)生产工艺目前也逐渐推广应用。相比传统的预制台座,流水线生产工艺具有生产效率高、人员需求少、产品质量优的特点。一套完整的流水线主要包括搅拌站、送料系统、布料系统、振捣系统、移动系统、养护系统、模板系统、钢筋设备等。节段梁及其模板系统放置在移动平台上,经过模板清洗工位、骨架安装合模工位、摆渡工位、埋件安装检查工位、浇筑工位、养护工位、拆模工位等,完成节段梁预制生产。流水线工艺在封闭式厂房内开展,不受气候影响,各个工序衔接流畅,通过移动式布料机及自动化振捣设备,提高了混凝土的浇筑工效,封闭

式蒸养窑内设温度及湿度传感器，确保箱梁的蒸养效果，保障节段梁预制质量。

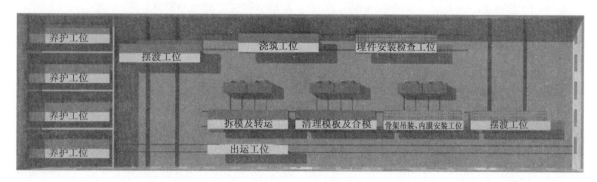

释图 5-5　流水线平面图

流水线主要生产步骤：①匹配梁就位、测量合模工位；②钢筋骨架入模、内膜安装工位；③埋件定位安装工位；④复测、微调混凝土施工工位；⑤蒸汽养护工位；⑥拆模起吊工位。

节段梁预制自动化生产流水线通过采用自行式模台将各独立平行施工区有机串联，实现流水作业。

①骨架安装合模工位：匹配梁就位，待浇梁钢筋骨架吊装到位，埋件定位，内模就位（释图 5-6）。

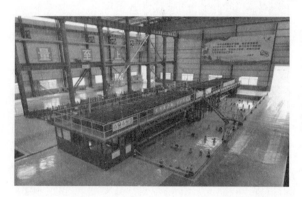 

释图 5-6　骨架安装合模

②摆渡工位：匹配梁与模板系统通过移动平台行走至摆渡工位，横移摆渡至浇筑工位（释图 5-7）。

释图 5-7　纵向流转横向摆渡

③浇筑工位：固定端模复测，送料料斗将搅拌好的混凝土送至布料机，龙门布料机定点浇筑（释图 5-8）。

④养护工位：新浇梁与匹配梁、模板一起通过移动平台送至养护窑内养护（释图 5-9）。

⑤拆模工位：拆除模板，匹配梁段由运梁小车转运至堆场存放，新浇梁移至原匹配梁位置，开展下一个循环预制。

释图 5-8　提升自行式吊斗/布料机

释图 5-9　节段梁蒸汽养护

5.2.2　应在预制场建设时设立测量塔，测量塔宜采用桩基础，测量塔观察点在施工周期内沉降应小于 2mm。

条文说明

测量塔在施工周期内按表 5-2 所示频次进行沉降观测。

表 5-2　测量塔观测频次

观测阶段	观测频率		备注
	观测期限	观测周期	
测量塔施工完成	—	—	设置观测点
开始观测	前 1 周	1 次/d	测试测量塔沉降
预制期间	全程	1 次/月	

测量仪器需满足 0.5″测角精度、0.6mm+1ppm 测距精度要求，且每年需由具有专业资质的部门重新检测、标定。

目前国内短线法预制测控系统分为双塔形式和单塔形式。

双塔形式，测量塔按两个一组布置，分别位于预制台座两侧。测量塔控制点连线与预制台座待浇梁段的中轴线重合，如图 5-2 所示。

单塔形式，预制台座布置与双塔形式一致，单侧布置测量塔，如图 5-3 所示。

5 混凝土节段梁

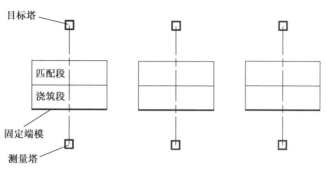

图 5-2 双测量塔式测控系统布置示意图

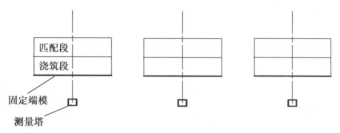

图 5-3 单测量塔式测控系统布置示意图

测量塔的设置可参考释图 5-10、释图 5-11 布置。

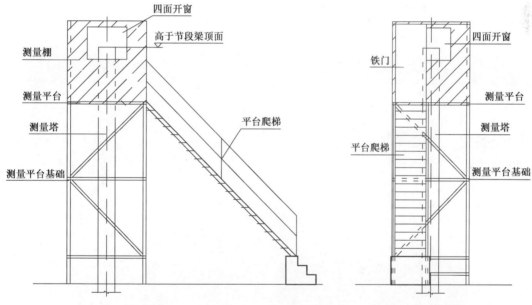

释图 5-10 测量塔示意图

释图 5-11 测量塔典型布置

5.2.3 模板系统设计应进行专业设计,具备足够的强度和刚度,考虑模板使用的通用性及模板周转方便,并应满足下列要求:

1 端模及侧模应采用钢模板。
2 匹配节段梁宜安放在可调节空间姿态的底模台车上,应根据预制线形精确定位。
3 底模应水平安置,并与固定端模下缘良好闭合。
4 内模宜安装在可移动的台车支架上。
5 固定端模应保持竖向垂直并与预制单元中线成90°,端模上缘应保持水平,其偏差量应小于1mm。
6 模板应与匹配节段梁连接紧密、无漏浆。
7 模板在出厂前应进行拼装验收,合格后方可使用。

条文说明

模板系统需满足混凝土养护、安装拆除便捷、长期周转使用的要求。短线法箱梁节段梁预制模板系统一般由固定端模及支架、活动端模、外侧模及支架、内模及移动支架、底模及底模台车、液压系统等部分组成,如图5-4所示。

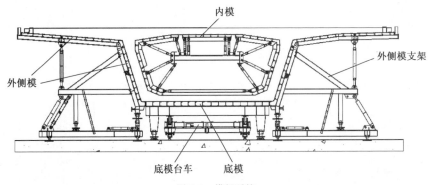

图5-4 模板系统

节段梁短线法匹配预制模板系统(释图5-12)主要包括固定端模及端模架(释图5-13)、外模及外模架(释图5-14)、底模及底模台车(释图5-15、释图5-16)、内模及内模台车(释图5-17)。

释图5-12 节段梁短线法匹配预制模板系统示意图

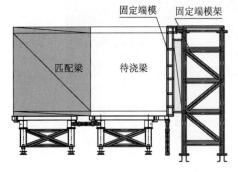

释图5-13 固定端模及端模架示意图

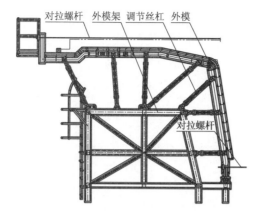

释图 5-14　外模及外模架示意图

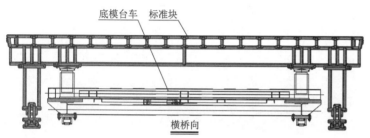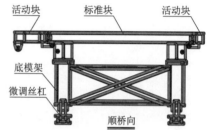

释图 5-15　底模及底模台车示意图

释图 5-16　苏通大桥节段梁底模

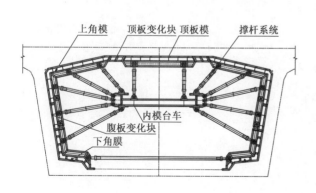

释图 5-17　内模及内模台车示意图

5.2.4 模板安装质量应符合表 5.2.4 的要求。

表 5.2.4 浇筑前模板及预埋件安装质量验收标准

序号	项 目		规定值或允许偏差（mm）	检查方法
1	相邻两板表面高低差		1.5	尺量
2	表面平整度		2	2m 靠尺和塞尺
3	模板之间拼接缝隙		1	尺量
4	垂直度		$H/1\,000$，且 ≤ 3	全站仪或吊线、尺量
5	内模尺寸	长度	-1，-3	尺量
		宽度	+3，-2	尺量
		高度	0，-2	尺量
6	轴线偏移量		2	尺量
7	预埋件	剪力键 位置	2	尺量
		剪力键 平面高差	2	尺量
		支座板、锚垫板等预埋钢板 位置	3	尺量
		支座板、锚垫板等预埋钢板 平面高差	2	钢尺和塞尺
		螺栓、锚筋等 位置	10	尺量
		螺栓、锚筋等 外露尺寸	±10	尺量
		转向器 位置	20	尺量
		转向器 转向角	±0.5°	钢尺和量角器
8	吊孔 位置		2	尺量
	预应力筋孔道 位置		节段梁端部 10	尺量

注：H 为节段梁高度（mm）。

5.2.5 节段梁钢筋骨架制作宜满足下列要求：

1 应在胎架上制成整体钢筋骨架，并整体放入模板内。
2 节段梁钢筋骨架施工前应确定合理的钢筋绑扎顺序。
3 钢筋骨架宜采用多点起吊。
4 宜建立预埋件清单，确保各类临时及永久预埋件准确、无遗漏。

1 钢筋绑扎胎架（释图 5-18、释图 5-19）通常采用型钢加工制作，制作时应根据设计图纸中梁段结构尺寸、设计保护层、保护层允许偏差进行主体尺寸控制（如设计保护层 35mm，允许偏差 0~+10mm，则可将绑扎胎架主体尺寸缩减 4~6mm）；胎架设计时，内腔范围应选用大尺寸型钢，尽量减少支撑结构，方便钢筋绑扎。钢筋绑扎胎架应沿环向设置 2 道钢筋定位梳齿板（释图 5-20），以控制顺桥向钢筋安装精度，横桥向钢筋定位安装可设置梳齿板或其他定位标识。绑扎胎架应沿梁长、梁宽方向设置端面限位工装，以确保端面位置处钢筋齐平，方便吊装入模（释图 5-21）。

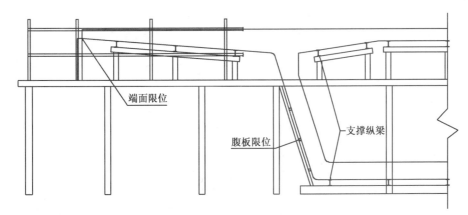

释图 5-18　钢筋绑扎胎架示意图

释图 5-19　瓯江北口大桥节段梁钢筋绑扎胎架

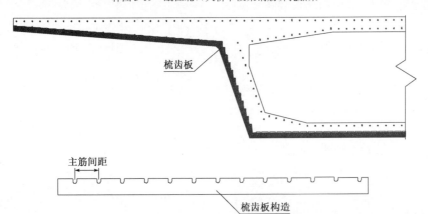

释图 5-20　钢筋定位梳齿板设计加工图

释图 5-21　钢筋骨架整体吊装入模

3 钢筋骨架多采用多点平衡式吊具(释图5-22),吊点间距不宜大于2m,钢筋笼吊点位置应进行局部加强处理。吊点处应设置1个花篮螺丝,以便吊点钢丝绳长度适应调节。

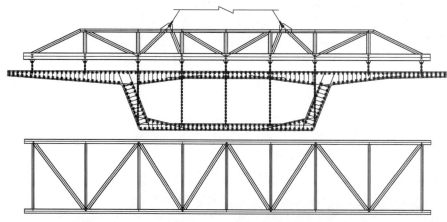

释图5-22 钢筋骨架吊具示意图

4 节段梁预埋件主要包括波纹管及配套定位钢筋、锚垫板、体外束转向系统及锚固系统、支座上垫钢板等;预留孔道主要包括泄水孔、吊孔、预埋支座螺栓孔及临时张拉预留孔等。

5.2.6 预应力管道及装置安装应符合下列规定:
1 定位钢筋宜采用环形箍筋与普通钢筋相连接的形式。
2 抽拔管或预埋管的定位钢筋间距应不大于50cm。
3 预埋管(波纹管)的成形材料应具有足够的强度和刚度,使其在混凝土浇筑完成后保持原有形状。
4 预埋的管道口应设置临时密封装置。
5 节段梁内预埋的波纹管或抽拔管应与匹配节段梁的各预留孔顺接,并宜穿入加强芯棒。抽拔管应贯穿整个节段梁长度并伸入匹配节段梁的预留孔内,伸入长度不宜小于200mm。混凝土初凝后即可拔出抽拔管。
6 采用体外预应力时,预埋锚垫板、转向器、预留孔及减小摩阻的垫板应定位准确,转向装置的位置和角度应满足表5.2.4的要求,外露的预应力筋和锚具应按设计要求进行防护处理。

5.2.7 模板安装前,应在匹配面及模板表面均匀涂刷对混凝土无害且便于清洗的脱模剂,其性能不得影响结构胶的黏结性能。

5.2.8 节段梁混凝土浇筑应满足下列要求:
1 混凝土下料应均匀,并应按一定厚度、顺序和方向分层浇筑,分层厚度不宜大于300mm。环境温度较高时混凝土入模温度应不超过28℃,在温度较高时应有预冷等降温措施;环境温度较低时混凝土入模温度应不低于5℃,并应有保温措施,且满足设计和相关规范要求。
2 侧模及底模上宜按需设置附着式振捣器。腹板部位混凝土振捣可采用插入式振捣器,振捣时应避免碰及管道、钢筋、模板、混凝土剪力键及预埋件。
3 浇筑前应测量混凝土坍落度,使其满足工作性能要求。
4 混凝土的运输、浇筑及间歇的全部时间不应超过混凝土的初凝时间。

5.2.9 节段梁混凝土养护应满足下列要求:
1 应根据环境温度、水泥品种、外加剂、施工进度要求及对混凝土性能的要求,确定养护方案。
2 采用常规养护时,不间断养护总时间不宜少于7d。

3 对节段梁的外立面混凝土宜采用喷雾或其他适宜的方式进行养护。
4 采用蒸汽养护时,应符合下列要求:
1) 从节段梁混凝土全部浇筑完毕后开始计时,静停时间不应小于2h,且不宜多于6h。
2) 加热应均匀。
3) 升温、降温速率控制值应符合表5.2.9的要求。

表5.2.9 升温、降温速率控制值

表面系数(m^{-1})	升温速率(℃/h)	降温速率(℃/h)
≥6	15	10
<6	10	5

注:表面系数指结构冷却面积(m^2)与结构体积(m^3)的比值。

4) 恒温阶段蒸汽养护温度宜控制在55~65℃。
5) 恒温状态相对湿度宜控制在90%~100%。
6) 预制节段梁在养护过程中,应进行温度测量。当外界与节段梁表面温差不大于15℃时,方可拆除养护设施,并采用喷湿方式进行养护。
7) 混凝土配合比试验应与蒸汽养护温度控制试验同步进行。

条文说明

(1) 蒸汽养护具有提高混凝土强度增长速度的特点,适用于低温条件下预制生产,并能加快节段梁预制速度。
(2) 静停阶段指从节段梁混凝土全部浇筑完毕至蒸汽养护开始之间的养护期,该阶段能增加混凝土在升温阶段对结构破坏作用的抵抗能力,使混凝土获得一定的初始结构强度。静停时间的长短与外界温度、混凝土性能及混凝土强度有关。

5.2.10 节段梁脱模应满足下列要求:
1 混凝土强度达到设计强度的75%后方可脱模并拆除。
2 脱模或移动节段梁时,均应防止伤及梁体棱角和剪力键等部位。
3 节段梁脱模后应及时进行检查验收,节段梁预制质量应符合表5.2.10的要求。

表5.2.10 节段梁预制质量验收标准

序号	项目		规定值或允许偏差(mm)	检查方法
1	混凝土抗压强度		在合格标准内	按现行GB/T 50107要求进行
2	表面平整度		5	水平尺及塞尺
3	长度		±5	尺量
4	断面尺寸	宽度	±15	尺量
		高度	±5	尺量
		厚度	±3	尺量
5	预埋件	支座板、锚垫板等预埋钢板 位置	10	尺量
		高程	±5	水准仪
		平面高差	5	水准仪或拉线、尺量
		螺栓、锚筋等 位置	10	尺量
		外露尺寸	±10	尺量
6	预留孔	吊孔 位置	5	尺量
		预应力孔道 位置	节段梁端部10	尺量
		孔径	+3,0	尺量

5.2.11 节段梁预制混凝土浇筑过程中应按要求及时取样制成试块,每批次取样不少于3组,其数量除应满足标准养护要求外,还应满足同条件养护、测定混凝土阶段性强度的要求。

5.2.12 节段梁修整应符合下列要求:
1 节段梁表面应进行修整和清理,确保箱梁外侧面和底面平整。
2 除胶接面严重破损的情况外,节段梁胶接面不宜进行修补。

条文说明

胶接面外形对桥梁线形影响较大,在接缝面无严重破损的情况下,进行修补可能导致界面变形,影响节段梁之间的匹配性。

5.3 存放与运输

5.3.1 预制节段梁吊离预制台座、移运、堆存时,混凝土的强度不应低于设计强度的80%。

5.3.2 节段梁出场时,外观应满足下列要求:
1 混凝土表面应平整、颜色一致,无明显施工接缝。
2 混凝土表面质量应满足现行《公路工程质量检验评定标准 第一册 土建工程》(JTG F80/1)的规定。
3 与湿接缝相邻端面应凿毛处理,凿毛最小深度不应小于8mm。

5.3.3 预制节段梁移运、吊放时,应匀速、缓慢进行。

条文说明

在以往的施工中,预制场内节段梁移运所采用的搬运机的提升速度限制在2m/min之内;在悬挂节段梁的重载状态下,搬运机的行走速度控制在3~5km/h;为避免损坏场地,搬运机空载时的行驶速度也需控制在10km/h之内。

5.3.4 节段梁存放应满足下列要求:
1 预制节段梁应按其安装的先后顺序合理存放。
2 节段梁吊离预制台座移至存梁场后应及时进行养护。
3 当节段梁多层叠放时,层与层之间宜采用枕木、橡胶板等弹性支撑物隔开,支撑位置应设在设计规定的支点处,宜采用三点支撑的形式存放。
4 节段梁叠放层数宜根据节段梁构件强度、台座地基承载力、支撑物强度及叠放稳定性等经计算确定,且不宜超过2层。
5 节段梁的存放时间应满足设计要求,且不宜少于28d。
3 目前,随着节段预制拼装技术的发展成熟,其适用的桥梁宽度也越来越大:南沙大桥引桥节段梁宽度为20m,泉州湾公路大桥引桥宽度为20.25m,文莱PMB大桥节段梁宽度更是达到了23.6m。为节省预制场地,节段梁往往进行双层堆存,对于宽幅混凝土节段箱梁而言,在双层堆存状态下常规的三点存梁方案容易造成梁段发生开裂。

为抑制宽幅梁开裂,目前常用的措施主要有增设中枕木及增设普通钢筋。如在五峰山长江大桥中,节段箱梁宽度为19.75m,高度为3m,在节段梁两侧腹板及中腹板下方设置通长支撑(释图5-23);在南沙大桥中,节段箱梁宽度为20m,高度为3.6m,在节段梁易开裂的部位增设了普通钢筋(释图5-24)。

释图5-23 五峰山长江大桥引桥节段箱梁存梁

释图5-24 南沙大桥节段箱梁存梁

其中,增设中枕木的措施对枕木平整度、场地不均匀沉降要求高,现场管控难度大,计算表明,对于宽度为20m的节段箱梁,当箱梁处于双层存放状态时,应控制中支撑不均匀沉降量不超过1.1mm,边支撑不均匀沉降量不超过0.7mm(释图5-25)。增设普通钢筋(释图5-26)的措施则会增加较多的钢材用量,提高工程成本。因此,存梁支点应综合考虑场地、成本、结构受力等因素来布置。

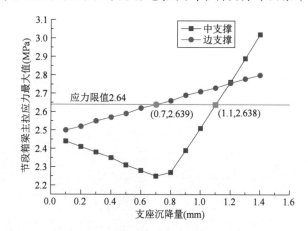
释图5-25 双层存放状态下支座产生不同沉降量对应的箱梁主拉应力最大值

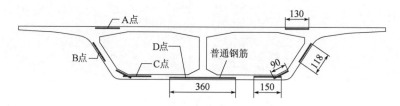
释图5-26 普通钢筋增设方案(尺寸单位:cm)

5 目前,国内各设计院的节段梁设计图中都要求存梁期不少于90d,且《公路桥涵施工技术规范》(JTG/T 3650—2020)中也规定存梁期宜不少于90d。随着蒸汽养护、自动化喷淋养护等新型养护技术大规模推广应用,节段梁养护条件有了较大的提升,梁段混凝土在28d内能完成大部分收缩徐变,且根据计算分析与工艺试验,28d养护后梁段的收缩徐变对结构受力及线形影响可忽略不计;存梁场地面积通常占预制场总面积的1/2以上,为满足90d的养护时间,预制场占地面积需求大,为节约日趋紧张的土地资源,综合考虑计算分析与工艺试验结果,故此处将存梁期最短时间规定为28d。

5.3.5 应根据预制场地理位置、结合实际运输通道条件、节段梁重量、节段梁尺寸等因素选择合理的节段梁出运设备。

5.3.6 节段梁采用陆路运输时,应符合本规范第4.3.5条的规定。

5.3.7 节段梁采用船舶运输时,应符合本规范第4.3.6条的规定。

5.3.8 节段梁在运输过程中,应采取保护、固定措施,并应符合下列规定:
   1 节段梁支撑点的设置应满足设计要求,避免运输设备振动对节段梁造成不利影响。
   2 应根据运输线路上的最大纵横坡,设置纵横向限位装置。
   3 需进行梁上运梁时,应经设计认可后实施。

节段梁运输固定方案可参考释图5-27。

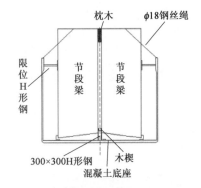
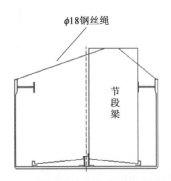

释图5-27 节段梁运输固定方案

5.4 墩顶节段梁拼装施工

5.4.1 节段梁安装测量仪器精度应满足墩顶块调位精度要求,并应避免在高温时段或6级以上大风条件下进行测量作业。

5.4.2 墩顶节段梁可采用架桥机、起重机或浮吊吊至墩顶处,对其进行精确调位,调位精度达到施工控制要求后,方可进行临时固定。

架桥机和浮吊吊装墩顶块如释图5-28、释图5-29所示。

释图 5-28 架桥机吊装墩顶块　　　　　　　释图 5-29 浮吊吊装墩顶块

5.4.3 节段梁拼装前应做好施工准备，并满足下列要求：
1 用于节段梁拼装的临时设施应由施工单位组织进行设计及制作，得到设计认可后方能实施。
2 当采用移动式临时支座时，在使用前，应对其进行预压试验，保证临时支座固结安全可靠。
3 永久支座安装应在支座垫石施工完毕并验收通过后进行。
4 应在节段梁安装前完成架设设备安装验收并取证等准备工作。

条文说明

用于节段梁拼装的临时设施包括墩顶操作平台、墩顶临时托架、临时固结、湿接缝浇筑模板、湿接缝两侧节段梁刚性或半刚性连接等。

5.4.4 墩顶节段梁临时固结应按设计规定实施；设计无要求时，施工单位应根据现场条件及施工工艺要求，设计临时固结方案以抵抗施工过程中产生的不平衡力矩，临时固结方案应由设计或第三方复核。设置墩梁临时锚固应符合下列要求：
1 临时锚固可采取 U 形钢绞线锚固或精轧螺纹钢等措施，临时锚固设置的强度、规格、数量应通过计算确定。
2 采用 U 形钢绞线临时锚固时，墩身预埋宜采用 U 形镀锌钢管或不锈钢管，钢管两端应采用胶带封堵，钢管预埋偏差应不大于 5mm。

条文说明

墩顶节段梁临时锚固如图 5-5 所示。考虑预埋在墩身内部的 U 形管道刚度以及穿束，通常采用钢管作为预应力管道以便于施工。

5.4.5 墩顶节段梁采用预制壳体或分段、分层预制时，二次浇筑应采用与预制梁体强度等级相同的补偿收缩混凝土，且应考虑混凝土水化热的影响，必要时应增设冷却水管等温控设施。

节段梁墩顶节段板厚较大且内部设置横隔板，导致墩顶节段自重较大，若墩顶节段整体预制，则对运输、起重设备性能要求较高。对于 50m 及以上跨径桥梁，通常需要对预制墩顶块进行轻量化，目前常用的思路有以下几种：①墩顶块壳体预制，壳体安装完成后，现浇内部横隔板，典型工程有南沙大桥引桥、泉州湾跨海公路大桥引桥等；②对预制壳体体量仍旧较大的墩顶块，可将壳体再进行分节段预制，现场安装连接成整体后，再浇筑内部横隔板，典型工程有港珠澳大桥香港段主通航孔桥、秀山大桥辅通航孔桥等。

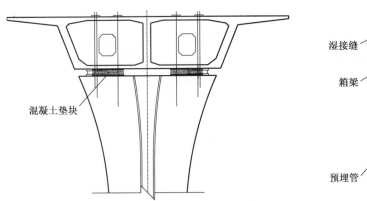
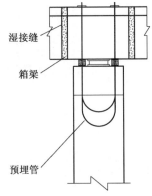

图 5-5　墩顶节段梁临时锚固示意

(1) 南沙大桥引桥节段梁

南沙大桥引桥 67.5m 跨节段梁墩顶节段为预制壳体结构,其主要安装流程为:牛腿托架、操作平台的安装;架桥机吊装墩顶节段壳体,并利用三向千斤顶进行调位;最后进行二次浇筑完成墩顶节段的安装。墩顶块施工如释图 5-30 所示。

释图 5-30　南沙大桥墩顶块施工

(2) 秀山大桥副通航孔桥

秀山大桥副通航孔桥墩顶节段为分层结构,分为下部预制部分和上部现浇部分,如释图 5-31 所示。墩身主筋伸入箱梁现浇部分,实现固结,梁底设置凹齿坎,与墩顶凸齿坎匹配,吊装就位后梁底进行压浆密接,其施工流程如释图 5-32 所示。

释图 5-31　墩顶节段构造

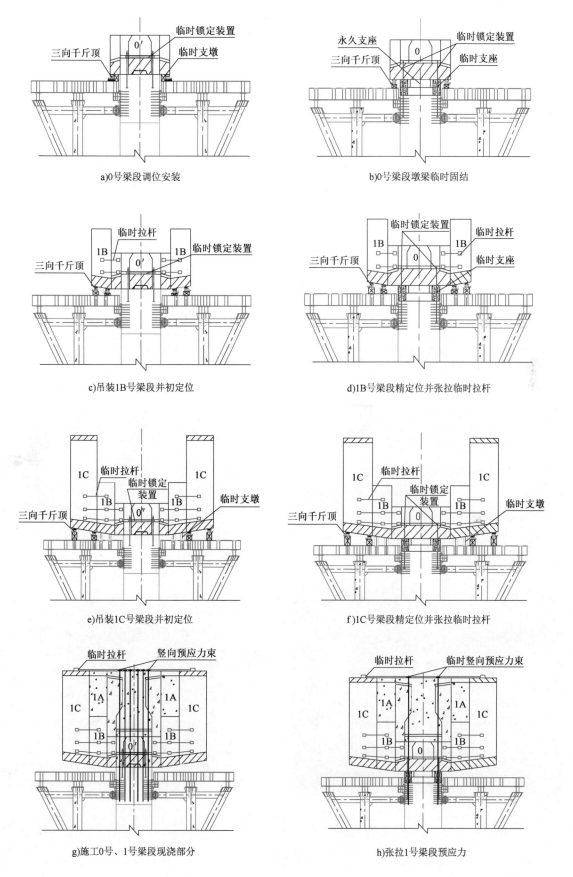

释图 5-32

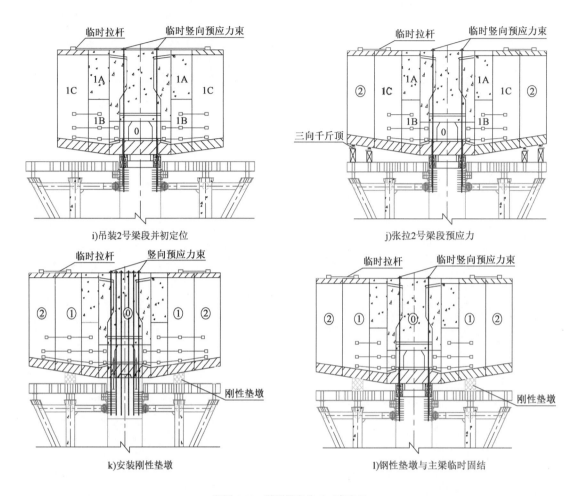

释图 5-32 墩顶梁段施工工序流程

(3) 港珠澳大桥香港段主通航孔桥

港珠澳大桥香港段主通航孔墩顶块为三节段(A+B+A)构造(释图 5-33),单重在 220t 以内,隔墙及横板作为二次浇筑模板,同时预埋体外预应力孔道,A 梁空腔内壁布置剪力键,减少其他现场连接。

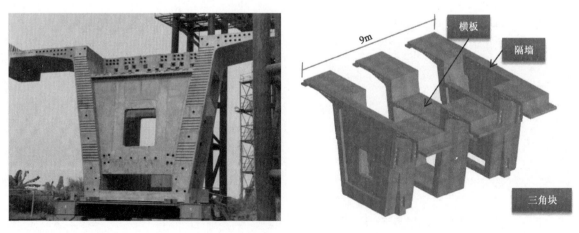

释图 5-33 墩顶节段构造

5.4.6 墩顶节段梁安装精度应满足本规范第 5.6.10 条的要求。

5.5 标准节段梁拼装施工

节段梁拼装工艺主要分为逐跨拼装和悬臂拼装两类,逐跨拼装需通过架桥机将整跨节段进行悬吊,受限于架桥机的吊装能力,逐跨拼装通常应用于跨径50m以内的节段梁,代表项目有瓯江北口大桥(逐跨连续)、南京江心洲长江大桥(简支变连续)等。悬臂拼装为单对节段梁逐节段拼装(类似挂篮悬浇),仅在边跨需进行半跨悬挂合龙,对设备起重性能要求相对较低,悬臂拼装通常用于跨径50m以上节段梁,代表项目有洪鹤大桥、秀山大桥辅通航孔桥、港珠澳大桥香港段等。

5.5.1 应根据各种工况下需要承载的节段梁设计重量和现场条件,充分考虑施工荷载选定架梁设备。

条文说明

架梁设备一般有上行式架桥机、下行式架桥机、桥面吊机、地面起重设备(履带式起重机、汽车式起重机、门式起重机等)、水中起重船等,要综合考虑环境条件、造价、箱梁结构设计、气候等多种因素,因地制宜选择合适的类型。

上行式架桥机的承载主梁位于混凝土桥跨的上方,如图5-6所示。通常架桥机自带卷扬机等起重设备,用于节段梁的提升、移动和拼装。在节段梁拼装时,所有的节段梁通过悬吊杆悬挂在承载主梁的下方,对地面社会交通的影响较小,也可在河谷、海洋等环境下不依赖辅助设施进行施工。

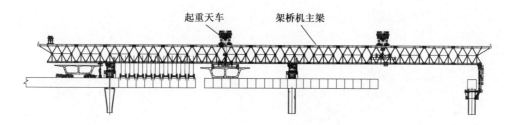

图5-6 上行式架桥机

下行式架桥机的承载主梁是位于节段梁下方的导梁,如图5-7所示。这类架桥机需要辅助起重设备的配合,所有的节段梁都放置在导梁上完成拼装。下行式架桥机不需要悬吊杆体系,更为安全,抗风性能更好;架桥机的承载主梁采用油压千斤顶支承节段梁,便于调整节段梁的倾斜角度。

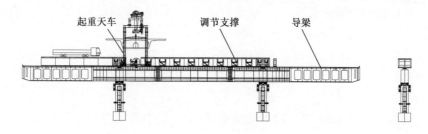

图5-7 下行式架桥机

桥面吊机适用于大跨度悬臂拼装且无边跨悬臂合龙的桥梁,但对于梁跨较多的结构需要多次安装拆除。桥面吊机如图5-8所示。

地面起重设备主要包括履带式起重机和汽车式起重机、门式起重机等。履带式起重机安装节段梁如图5-9所示。

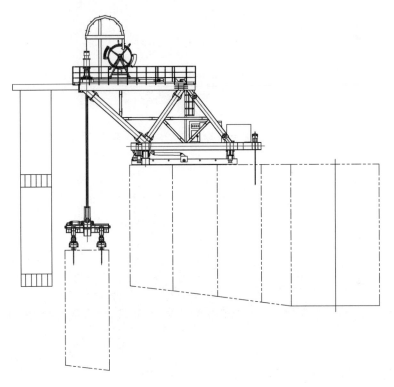

图 5-8　桥面吊机

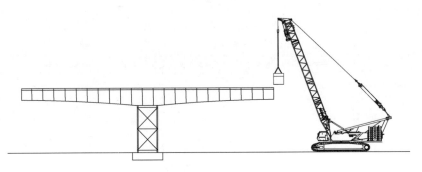

图 5-9　履带式起重机

5.5.2 拼装过程中涉及节段梁的提升环节，均应满足下列要求：

1　应根据设计要求选择节段梁提升方式；设计无要求时，可根据现场施工环境、结构特征选择合理的节段梁提升方式，并取得设计认可后方能实施。

2　节段梁提升应缓慢、匀速，提升速度宜限制在 2m/min 内。

3　提升或旋转作业时，应暂时封闭作业影响范围内的道路交通或水路通航。开放交通时，节段梁底部最低点应满足净空要求。

4　采用上行式架桥机施工时，节段梁宜错层悬挂，错层的节段梁个数及节段梁纵向间距应满足拼装工艺的要求。

条文说明

结合节段梁及吊具重量，选择合适的起吊设备，提升需匀速缓慢进行。节段梁吊点应根据梁段重量、梁体结构尺寸、配筋等情况计算确定。通过在梁段上预埋吊装孔，可以安装精轧螺纹钢筋作为吊杆，吊点布置参考图 5-10。

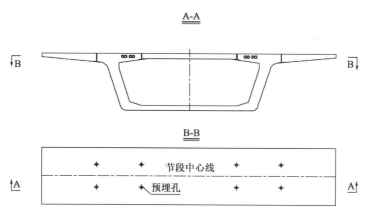

图 5-10 梁段吊装吊点布置示意图

用于梁段吊装的吊具需具备多向调节功能,以满足梁段拼装时精确调位需要,常见吊具结构形式如图 5-11 所示。

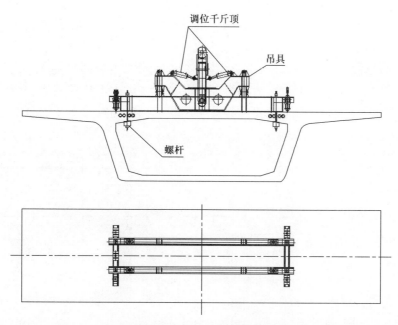

图 5-11 梁段吊装吊具示意图

拼装吊具的吊点设置需具备多样性或可调性,以满足所有梁段的吊装要求。对梁段与吊具间的吊杆需施加一定预应力,使吊具与梁段形成整体。

5.5.3 胶接缝施工应满足下列要求:

1 设计未规定时可采用单面涂胶,结构胶单面涂抹厚度不应小于 3mm,且应涂抹均匀;结构胶应采用机械拌和,涂抹方式应根据结构胶的产品特性确定,在冬季低温条件下使用结构胶时应采取保温措施。

2 拌制完的结构胶应在 45min 内涂抹完毕,并在 60min 内完成节段梁拼装。

3 结构胶初步固化时间应大于 2h,并在 24h 内完全固化达到胶结强度。

4 施加临时预应力时,结构胶应在梁体的全断面挤出。

5 应对孔道口做好防护,防止结构胶进入预应力孔道,每个节段梁拼装完成后应适时通孔。

6 节段梁的拼装、临时预应力张拉、节段梁固定及结构胶挤出后的清除工作,都应在结构胶固化之前完成。

7 当拼装涂抹作业下方开放交通时,必须在车道上方设置防结构胶滴落的设施。

8 相邻预制节段梁宜在孔道口设置弹性密封圈。

5.5.4 当采用悬臂拼装法施工时,应满足下列要求:

1 节段梁安装前宜进行试拼装。

2 节段梁拼装前应对匹配面进行检查,确保无尘土、油脂等污染物及松散混凝土与浮浆。

3 桥墩两侧的节段梁应对称提升,施工中悬臂两侧最大不平衡力应满足设计规定。

4 拼装施工全过程应进行施工监控,复核箱梁节段梁的轴线和高程,并按安装线形及时调整。

5 边跨节段梁采用悬挂施工时,应满足本规范第5.5.5条的要求。

1 梁段试拼的目的是提前对梁段拼装就位时的空间位置进行确定,以缩短涂胶后的梁段拼接时间,防止因天车操作、指挥梁段就位人员,以及其他操作人员不熟悉程序或经验不足、相互协调不好而使梁段在较长时间内不能精确就位,从而使胶体在临时预应力张拉前或张拉过程中塑性消失和硬化而失效。

3 施工中悬臂两侧的不平衡荷载主要由以下几类构成:①梁体和混凝土浇筑的不均匀性带来的梁段自身不平衡荷载;②施工人员和施工机械布置的不均匀性带来的不平衡荷载;③竖向风荷载;④拼装节段变宽或拼宽带来的不平衡荷载。施工过程中应充分考虑此类不平衡荷载的影响,必要时搭设临时支架或采取其他有效措施。

因架设装备的局限性,跨径50~70m节段梁一般采用架桥机进行悬臂拼装,跨径70m以上采用桥面起重机进行悬臂拼装,总体施工工艺相同。以架桥机悬臂拼装为例,其具体施工流程见释表5-1。典型悬臂拼装案例如释图5-34~释图5-36所示。

释表5-1 架桥机悬臂拼装工艺流程图

编号	流 程 图 示
1	利用 $N+2$ 墩旁托架安装 $N+2$ 墩顶块,并固结
2	架桥机吊运 $N+1$ 墩1号块就位,拼缝涂环氧树脂胶,张拉临时预应力,固化后张拉悬拼钢束、灌浆
3	按上一步骤对称施工 $N+1$ 墩直至最大悬臂位置;首跨前半跨悬吊、调位、抹胶并张拉临时预应力

5 混凝土节段梁

续上表

编号	流 程 图 示
4	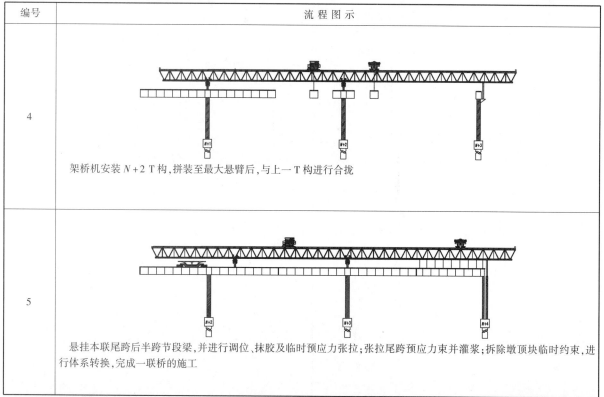 架桥机安装 $N+2$ T 构,拼装至最大悬臂后,与上一 T 构进行合拢
5	悬挂本联尾跨后半跨节段梁,并进行调位、抹胶及临时预应力张拉;张拉尾跨预应力束并灌浆;拆除墩顶块临时约束,进行体系转换,完成一联桥的施工

释图 5-34 虎门二桥悬臂拼装

释图 5-35 秀山大桥悬臂拼装

释图 5-36　港珠澳大桥悬臂拼装

5.5.5 采用整孔拼装法施工时,应对首节段的空间位置进行精确调位,调位精度达到本规范第 5.6.9 条的首节段验收要求后,应对其进行临时固定。

条文说明

每一跨内首节段的空间定位误差将对整跨梁段的线形产生较大影响,甚至可能产生较大的上翘、下挠或轴线偏移,使施工难以继续进行。首节段的定位精度对整跨节段安装精度至关重要。

为保证首节段安装的空间位置,在调位结束后,对其进行临时固定。但根据以往的施工经验来看,若首节段临时固定刚度太大,后续节段安装过程中,在临时固定处会产生较大力矩,造成箱梁顶板预埋钢板处混凝土开裂或压碎。在后续节段安装过程中,要弱化临时固定措施。

整孔拼装工艺又分为逐跨拼装工艺和简支变连续工艺。逐跨拼装是首跨施工完成后,节段梁逐跨形成连续,两跨预应力束在墩顶处有交叉,最后一联节段梁安装完成后,再张拉通长束。其具体施工工艺见释表 5-2。

释表 5-2　架桥机逐跨拼装工艺流程图

编号	流程图示
1	安装 $N+2$ 墩顶块、调位、临时锚固
2	$N+2$ 墩顶块养护的同时,开始悬吊首跨节段梁
3	依次调整节段梁高程,对节段梁截面涂环氧树脂胶,并张拉临时预应力,立模浇筑湿接缝并等强

续上表

编号	流程图示
4	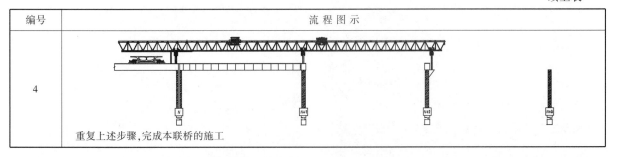 重复上述步骤,完成本联桥的施工

简支变连续工艺是将多跨简支梁串成整体,使之成为一联多跨连续梁,因此,在施工过程中,先张拉简支束,墩顶块浇筑完成后,再张拉通长束。其主要施工工艺见释表5-3。

释表5-3 架桥机简支变连续工艺流程图

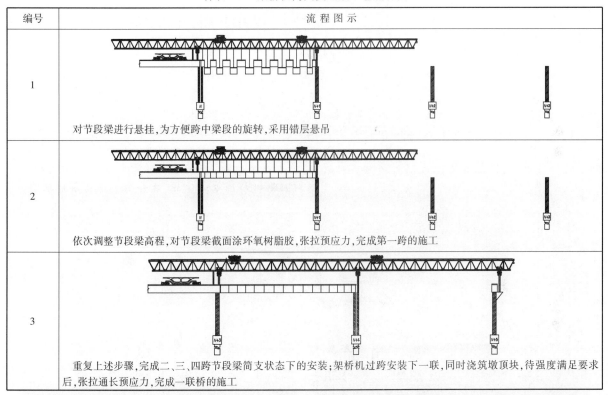

编号	流程图示
1	对节段梁进行悬挂,为方便跨中梁段的旋转,采用错层悬吊
2	依次调整节段梁高程,对节段梁截面涂环氧树脂胶,张拉预应力,完成第一跨的施工
3	重复上述步骤,完成二、三、四跨节段梁简支状态下的安装;架桥机过跨安装下一联,同时浇筑墩顶块,待强度满足要求后,张拉通长预应力,完成一联桥的施工

南京江心洲长江大桥(释图5-37)全长10.3km,标准跨径35m,采用简支变连续架设工艺。瓯江北口南引桥(释图5-38)合并段为双层结构,其中上层预应力混凝土节段箱梁标准跨径为50m,梁高3m,梁顶宽16.05m,采用逐跨拼装架设工艺。

释图5-37 南京江心洲长江大桥简支变连续

释图 5-38 瓯江北口大桥逐跨拼装

5.5.6 临时预应力施工,应满足下列要求:

1 应根据节段梁断面形式均匀布置临时预应力。

2 临时预应力的张拉力应符合设计要求;设计无要求时,临时预应力在梁段拼缝截面产生的正压应力宜为 0.3MPa。

3 临时预应力筋材料宜采用预应力精轧螺纹钢筋,张拉时应拧紧张拉螺母。

4 施工过程中发现临时预应力筋、锚具有损伤或有疑问时,应立即停止施工,并予以调换。

5 临时预应力筋应在当前节段梁永久预应力束张拉完成后方可拆除。

条文说明

临时预应力主要通过设置在梁段顶、底板上的钢齿坎或剪力锥结构传递给梁段。剪力锥及钢齿坎布置如图 5-12 所示。

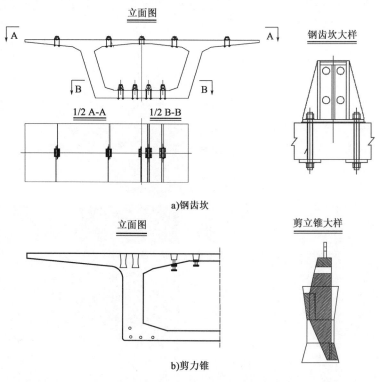

图 5-12 剪力锥及钢齿坎布置

1 钢齿坎(释图5-39)通过锚固螺栓固定于箱梁混凝土表面,通过精轧螺纹钢施加临时预应力;剪力锥(释图5-40)钢支座通过上下2个锥形面与箱梁顶板预埋孔锥形面接触,并通过接触面将钢支座顶部对拉应力传递至箱梁混凝土,使之受压。相较于钢齿坎,使用剪力锥进行临时预应力的张拉具有以下优势:剪力锥结构轻巧,经济性好;预留孔洞少,无贯穿螺栓孔洞,易于修补且不会发生漏水现象;施工简单,埋件精准度要求降低,施工效率大大提升;通过接触面将钢支座顶部对拉应力传递至箱梁混凝土,使之受压,有利于结构耐久性。

释图5-39　钢齿坎　　　　　　　　　　　　释图5-40　剪力锥

2 临时预应力在梁段拼缝截面产生的正压应力不宜过大或过小,若应力过大,可能使环氧树脂胶挤出过多,界面环氧树脂胶过薄,影响节段间连接效果;若应力过小,可能导致环氧树脂挤压不充分,接缝内存在空鼓。因此,宜按界面应力0.3MPa来设计临时预应力布置及张拉力。

5.5.7 永久预应力施工,应满足下列要求:
1 梁段拼装完成,结构胶强度符合设计要求之后,方可进行永久预应力张拉。张拉完成后,应立即对预应力孔道进行压浆和封锚。
2 采用的预应力锚具、夹具和连接器性能和质量应符合现行《预应力筋用锚具、夹具和连接器》(GB/T 14370)的要求。

5.5.8 体外预应力施工,应满足下列要求:
1 体外束锚端应按顺序安装工作锚、夹片、反力架、顶压器和千斤顶。
2 体外预应力束可采用单孔千斤顶逐根张拉。
3 体外预应力筋的张拉顺序应符合设计要求;设计无要求时,可按先长束后短束、先中间后两边、左右对称的要求进行张拉。
4 钢绞线锚固后的预留长度应满足设计要求;设计无要求时,预留长度应满足后期钢绞线调校、更换所需工作长度。

5.5.9 吊装孔等临时孔洞应在使用完毕后及时清理,并采用符合设计要求的灌浆料填补。

5.5.10 合龙段施工应满足下列要求:
1 合龙的顺序应符合设计规定。
2 合龙施工前应对两端梁段轴线、高程进行观测,并应根据实际观测值进行合龙施工计算,确定合龙程序和调整参数。

3 对合龙口两侧梁段采用施加水平推力的方式调整梁体时,千斤顶施力应对称、均衡。
4 预应力管道连接应在合龙施工前进行,并应封堵波纹管与梁段间缝隙,避免灌浆时漏浆。
5 合龙段混凝土模板安装应与主梁紧密贴合,避免混凝土浇筑时漏浆。
6 合龙段混凝土强度和弹性模量达到设计要求后,方可进行永久预应力张拉施工;设计无要求时,混凝土强度不得低于设计强度的80%,弹性模量不得低于设计值的80%。
7 合龙段混凝土浇筑应选择当天气温最低且稳定时段进行。
8 合龙完成后应按设计文件规定的程序完成体系转换。

条文说明

跨中合龙形式一般分为两种,即"一道湿接缝"和"双湿接缝+预制合龙段",如图5-13、图5-14所示。

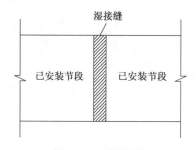

图5-13 一道湿接缝

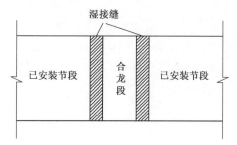

图5-14 双湿接缝+预制合龙段

4 将湿接缝预应力连接波纹管伸进相邻梁段5~7cm,用短波纹管剖开包裹缝两端波纹管和钢绞线,包装带全长包裹密实,并用橡皮泥封堵波纹管与梁段间的缝隙(释图5-41)。

5 湿接缝外模板通常在地面上拼成一个整体,穿上对拉螺杆,卷扬机垂直提升到安装位置,然后安装内模板,并用拉杆与内模锁定(释图5-42)。

释图5-41 合龙段湿接缝管道连接

释图5-42 湿接缝模板

8 节段梁墩顶节段在施工过程中与墩柱为固结状态,对于连续体系桥梁,在一联桥合龙完成后,需要解除墩梁临时固结,将主梁荷载由临时支座转换至永久支座;若不及时解除墩梁固结、进行体系转换,可能发生温度荷载造成结构损伤的问题。

5.6 施工控制

5.6.1 采用短线法预制节段梁拼装上部结构施工时,应对其施工全过程进行控制,成桥后的线形、内力应符合设计要求。

条文说明

本节适用于短线法施工控制,对于采用短线法节段预制拼装工艺的结构,施工过程控制是保证节段预制拼装箱梁能够按设计期望成功建成的一项必要措施。同时施工控制的方法需根据结构特点、施工方案和环境条件等因素综合选择确定。

几何线形控制是节段拼装桥梁建设的关键技术之一,是保证短线法节段预制和匹配安装施工的基础,其最关键的任务就是通过对施工全过程中的各种线形误差进行分析、识别、测量、调整,选择合适的制造及拼装线形,使桥梁结构最终达到设计成桥线形。几何线形控制流程如释图5-43所示。

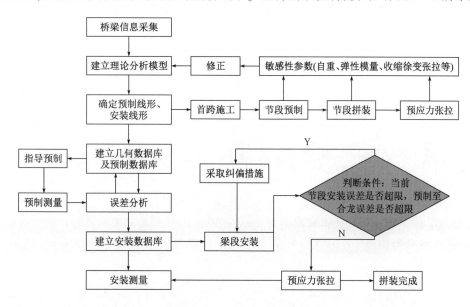

释图5-43 几何线形控制流程

5.6.2 用于施工控制的理论数据应满足下列要求:

1 应根据设计图纸、预拱度编制几何控制点理论数据库,指导节段梁预制。

2 预拱度计算应符合现行《公路钢筋混凝土及预应力混凝土桥涵设计规范》(JTG 3362)的规定。计算过程中涉及结构参数,宜采用现场实测值;无实测值时,可采用设计值。

2 预拱度的计算参考《公路钢筋混凝土及预应力混凝土桥涵设计规范》(JTG 3362—2018)第6.5.5条的规定:

1)当预加应力产生的长期反拱值大于按荷载频遇组合计算的长期挠度时,可不设预拱度;

2)当预加应力的长期反拱值小于按荷载频遇组合计算的长期挠度时,应设预拱度,其值应按该项荷载的挠度值与预加应力长期反拱值之差采用。

对自重相对于活载较小的预应力混凝土受弯构件,应考虑预加应力反拱值过大可能造成的不利影响,必要时采取反预拱或设计和施工上的其他措施,避免桥面隆起甚至开裂破坏。

预拱度计算过程中涉及的结构参数主要包括混凝土养护龄期、节段施工周期、混凝土实际弹性模量、重度及混凝土收缩徐变等,除此之外还应考虑结构恒载、施工荷载、预应力、汽车荷载等因素的影响。

5.6.3 宜采用牢固的定制测点。当测点为测量钉时,测量钉距离节段划分面的最短距离不宜小于10cm。

条文说明

根据以往施工经验,为便于施工控制实施,每榀预制节段梁设置6个几何控制点(图5-15),沿节段梁中心线的2个测点(FH&BH)用来控制平面位置,沿腹板设置的4个测点(FL,FR,BL&BR)用来控制高程。沿腹板位置布置高程控制点是为减小或杜绝高程控制点在施工过程中发生局部变形,影响控制实施。

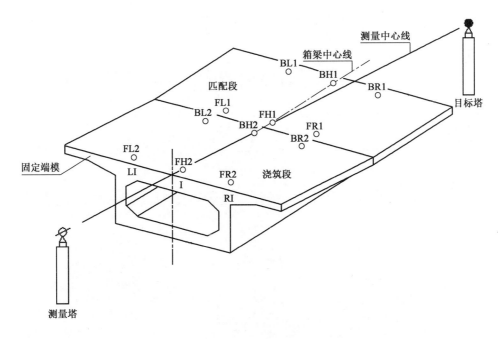

图5-15 测点布置图

对不方便布置6个测点的结构,如U形梁,也可仅沿腹板设置4个测点(FL,FR,BL&BR)。

5.6.4 平面控制测量宜采用全站仪,高程测量宜采用水准仪,测量仪器经有关部门检定合格后方可使用。仪器测量精度应满足线形控制要求,同时还应满足下列要求:

1 长度测量精度控制在1.0mm以内。
2 水准测量精度控制在0.5mm以内。

5.6.5 预制节段梁测量应符合下列规定:

1 避免在高温时段或者6级以上大风条件下进行测量,应在温度相对稳定时进行测量。
2 定期通过预制场内的固定控制点复测测量塔及固定端模。
3 测量塔采用钢管柱时,应采用外包混凝土或内填混凝土,增大钢管柱刚度,同时测量塔应避免受阳光直射,减小因温差变形产生的测量误差。
4 在测量塔上搭设遮阳棚,避免阳光直射仪器。
5 数据采集时宜采用两人独立观测,获得两组独立数据,并取平均值,以降低测量误差。
6 宜采用高精度测量仪器,能够对在超出测量精度要求的气象条件下工作提出警示,并自动停止工作;同时按相关测量规范规定定期对测量仪器进行检查和校正。

5.6.6 应根据施工控制计算结果对匹配梁段进行精确调位,其几何测点的定位与其目标位置的误差应符合下列规定:

1 沿节段梁中线的几何控制点的平面偏差应小于2mm。

2 沿腹板的几何控制点的高程偏差应小于1mm。

5.6.7 箱梁节段拼装过程中，拼装控制点与节段梁预制时几何控制点应相同，节段梁安装理论数据应考虑下列因素：
1 墩柱结构及基础预抬值；
2 墩柱结构及基础施工阶段变形值；
3 上部箱梁结构分阶段变形值。

条文说明

墩柱结构及基础预抬值包括墩身结构及基础弹性压缩的预拱值，且需在施工永久支座垫石时进行修正，计入墩身结构及基础弹性压缩的影响。

5.6.8 节段梁拼装过程中，应根据理论安装线形及线形误差对后续安装梁段采取纠偏措施。

条文说明

根据以往经验，节段梁采用匹配预制工艺施工时，前一节段梁已安装完成并产生偏差，通常采用添加垫片的方式对后续节段梁安装进行纠偏。垫片需采用环氧树脂材质，避免采用钢垫片。采用垫片纠偏时垫片需分散在多个接缝处，单个接缝处垫片厚度一般不超过5mm，避免垫片过厚引起漏浆及影响结构耐久性，且纠偏后需对拼接缝和灌浆时漏浆情况进行检查。

节段梁安装阶段线形误差调整措施一般采用环氧树脂垫片调整，该方法可用于调整高程和轴线误差，如释图5-44和释图5-45所示。该方法优点在于快捷、方便，在节段箱梁偏差较小时使用，黏结剂的厚度应根据垫片厚度进行相应调整。环氧树脂垫片一般设置在梁段间腹板与顶板或底板相交，且没有预应力孔道的部位。环氧树脂垫片的强度要求不低于混凝土强度。使用环氧树脂垫片调整的弊端是增加了接缝的宽度，使接缝间结构胶的用量增加，所以误差调整中尽量避免过多使用环氧树脂垫片。

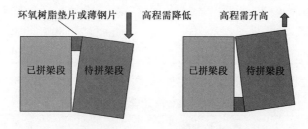

释图5-44 梁段立面高程调整示意图

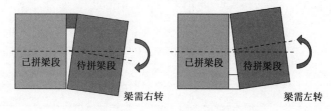

释图5-45 梁段平面轴线调整示意图

5.6.9 采用整孔拼装工艺施工的箱梁，箱梁节段在安装过程中，应及时检查验收，其误差标准应满足下列要求：
1 每跨首块节段梁安装验收标准应符合表5.6.9-1的要求。

表 5.6.9-1　每跨首块安装验收标准

项　目	验 收 标 准
立面高程(mm)	同向 ±3
中心线偏位(mm)	同向 3
横向坡度(rad)	±0.001
纵向坡度(rad)	±0.003

注：同向是指单榀节段梁上某测量项目的不同测点偏差值正负号相同或偏向同一方向。

2　其他节段梁安装验收标准应符合表 5.6.9-2 的要求。

表 5.6.9-2　其他节段梁安装验收标准

项　目	验 收 标 准
立面高程(mm)	±10
中心线偏位(mm)	10
纵向长度(mm)	±20
横向坡度(rad)	±0.001
纵向坡度(rad)	±0.003
拼缝错台(mm)	3

5.6.10　采用对称悬拼工艺施工时，箱梁节段在安装过程中，应及时检查验收，其质量标准应满足下列要求：

1　墩顶块安装验收标准应符合表 5.6.10-1 的要求。

表 5.6.10-1　墩顶块安装验收标准

项　目	验 收 标 准
立面高程(mm)	同向 ±3
中心线偏位(mm)	同向 3
横向坡度(rad)	±0.001
纵向坡度(rad)	±0.003

2　其他节段梁安装验收标准应符合表 5.6.10-2 的要求。

表 5.6.10-2　其他节段梁安装验收标准

项　目	验 收 标 准
立面高程(mm)	±10
中心线偏位(mm)	10
纵向长度(mm)	±10
横向坡度(rad)	±0.001
纵向坡度(rad)	±0.003
拼缝错台(mm)	3

3　合龙口两侧允许误差应符合表 5.6.10-3 的要求。

表 5.6.10-3　合龙口两侧允许误差

项　目	允许误差(mm)
立面高程	同向 ±20
中心线偏位	同向 20

条文说明

5.6.9~5.6.10 节段梁拼装施工监控主要思想是：①控制拼装当前节段梁的空间位置；②通过预制阶段的数据和当前拼装节段梁的空间位置，推测最后一个节段梁的位置偏差。只有当以上两个条件都符合要求时，才算合格，否则要考虑进行一定的拼装调整。

5.6.11 采用悬臂拼装法施工时，每联节段梁完成后，应及时进行检查验收，其质量标准应满足表5.6.11的要求。

表5.6.11 对称悬臂拼装施工节段梁质量标准

项 目		规定值或允许偏差（mm）
湿接头、合龙段混凝土强度(MPa)		在合格标准内
轴线偏位(mm)	$L \leq 50$m	20
	$L > 50$m	$L/2\,500$，且不大于30
顶面高程(mm)	$L \leq 50$m	20
	$L > 50$m	$L/2\,500$，且不大于±30
	相邻节段梁高差	3

注：L为桥梁跨径，单位以mm计。

5.6.12 整跨节段梁拼装施工每联连续箱梁或每跨简支箱梁完成后，应及时进行检查验收，其质量标准应符合表5.6.12的要求。

表5.6.12 整跨拼装施工节段梁质量标准

项 目		规定值或允许偏差
湿接头、合龙段混凝土强度(MPa)		在合格标准内
轴线偏位(mm)	$L \leq 50$m	10
	$L > 50$m	$L/5\,000$，且不大于20
顶面高程(mm)	$L \leq 50$m	±10
	$L > 50$m	$L/5\,000$，且不大于±20
	相邻节段梁高差	3

附：宽幅混凝土连续箱梁短线节段预制拼装施工误差分析

某项目分为70m跨节段预制悬臂拼装箱梁，箱梁横断面布置如释图5-46所示。

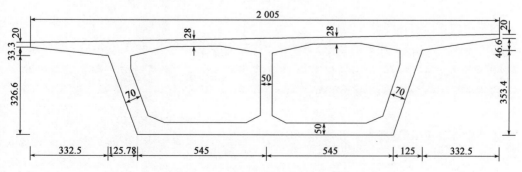

释图5-46 箱梁横断面布置(尺寸单位：cm)

在预制和拼装过程中，为保证桥梁线形符合设计要求，需要进行严格、精密的施工控制，确保任意相邻的两个节段之间的空间相对位置关系处于可控状态(释图5-47)。

释图5-47 节段梁悬臂拼装

一、误差成因及分析

节段梁拼装过程中,拼装末节段控制点数据偶尔会出现偏离理论目标(1~2cm)的现象。误差的形成有诸多原因,大体包括预制阶段形成的和安装阶段形成的。产生误差之后不便采取措施进行调整,误差也会影响桥梁成桥线形。了解误差形成的原因,才能在施工质量把控过程中有的放矢,使工程质量最优。

预制过程中预制高程和轴线误差的消除会持续进行,但由于模板系统或施工水平的限制,前期产生的误差并不能在后期完全消除;另一方面,一个预制单元组的最后一榀梁产生的误差无法在预制中消除,将累计到安装误差中。

安装过程中,由于现场安装条件存在诸多变化,因此安装过程中结构的变形与预期效果会有差异。其主要原因是,结构尺寸、材料模量、预应力筋张拉力、环境温度、施工中安装精度等与理论计算有一定差别。

通过有限元计算分析各种因素对T构悬臂拼装过程的影响,分析不同参数变化对桥梁结构线形的影响,并采用实测参数对模型(释图5-48)进行校正,以提高控制精度。

释图5-48 有限元模型

(一)预制测量误差对线形的影响

为了保证测量的准确性,可采用多次测量,并采用统计学方法平差确定各测点的三维数据;另一方面,现行短线法施工控制中采用的全站仪最大测量误差可达1mm,这导致实际测量结果一定程度偏离了真实值,为论证此偏差对线形的影响,现举一例说明。

假设预制节段组位于直线段,纵坡及横坡均为0。预制起始节段时,测点轴线坐标(释图5-49)埋设状态为绝对理想状态,即前后端测点Y值均为0.000m,但数据采集过程中,由于测量误差的存在,前端点Y值实测值为0.0005m,即前后端Y值由其真实值(0.000,0.000)变为测量值(0.0005,0.000),于是匹配指令为(0.0005,0.000)。这个指令从理论上是完全正确的,但由于测量误差的客观存在,一定程度上可以认为在预制过程制造了一个轴线偏差。考虑到首节段测点之间距离2.9m,悬臂半跨长度为

34.9m,则轴线偏差 $\Delta Y = 0.5 \times 34.9 \div 2.9 = 6\text{mm}$。

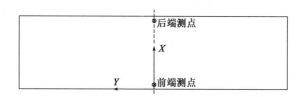

释图 5-49 测点轴线示意图

(二)墩顶块安装精度对最大悬臂端高程的影响

悬臂安装一个 T 构,首先需要安装墩顶块,准确定位之后采用临时预应力筋等措施将墩顶块固定在桥墩(或支座)上(释图 5-50)。在调节墩顶块高程、轴线位置及之后的抄垫锚固的过程中,因种种原因最终结果与理论要求会产生差别。后续节段的安装,会因为匹配关系受到墩顶块偏位(释图 5-51)的影响。现假设墩顶块安装完成后,轴线方向上前后测点高程误差为 0.5mm,测点距墩中心 1.45m,桥跨 70m,T 构合龙湿接缝 20cm,所以墩顶块偏位引起的最大悬臂端与理论计算差值为:

$$\Delta H_1 = 0.5 \times 34.9 \div 1.45 = 12 (\text{mm})$$

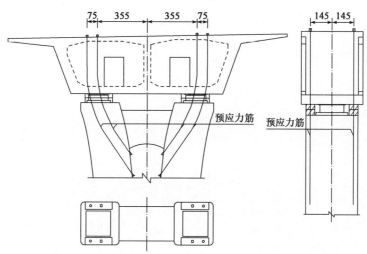

释图 5-50 墩顶块锚固示意图(尺寸单位:cm)

(三)抹胶厚度引起的高程误差

拼装施工一般采用人工抹胶,难免会出现胶厚度在梁断面不均的现象,同时,临时预应力的张拉不同步也可能造成断面上胶厚度的不均匀。假设在最极端情况下,从墩顶块到最大悬臂段 10 号块所有节段之间的胶厚度都不均匀,且都是上缘比下缘厚 0.5mm(释图 5-52),悬臂端高程误差为 27mm。

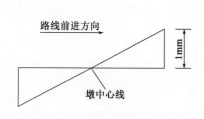

释图 5-51 墩顶块位移示意图

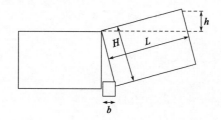

释图 5-52 主梁上下缘胶厚度不一致引起高程变化计算原理示意图

(四)其他因素

1. 不对称临时荷载对结构挠度的影响

在梁段安装阶段,桥面上常放置有施工机械、钢绞线等,如果管理不当会引起最大悬臂端不合理位移。假设在T构一侧的最大悬臂端处施加100kN力,通过模型计算分析可知,最大悬臂端竖向位移为4mm。

2.弹性模量改变对结构的影响

混凝土是一种属性离散性很大的材料,施工中的各个环节都对其性质有影响,如原材料性质、施工温度等都会对混凝土的密度、弹性模量有影响。为了明确弹性模量对结构最大悬臂挠度的影响,假设弹性模量与理论计算值的偏差为±10%,计算得到高程变化为±0.4mm,可见弹性模量对线形影响较小。

3.预制梁重对最大悬臂端高程影响

预制阶段,如果模板长期没有进行调校,有可能发生变形,且这种变形的影响通常都不是单块,而是整个T构的一侧,或多个T构的一侧;再者,模板的变形一般是往外膨胀,所以计算中考虑T构一侧的所有节段都比设计值重5%,此时最大悬臂端挠度增量为22mm。

4.安装阶段梯度温度影响

安装阶段,T构暴露在日照环境中,向日面和背日面的温度会有明显差别,即梁面高温,梁底低温。温差会在结构最大悬臂端引起一定的变形。计算考虑梁顶和梁底温差分别为1℃和10℃,梁最大悬臂端的位移分别为1mm和9mm。考虑到两个T构合龙时均处于同样的环境中,可以认为梯度温度对错台的形成贡献较小。

参数变化对主梁成桥线形影响所占比重如释图5-53所示。

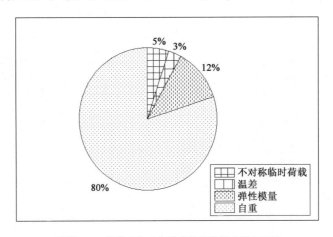

释图5-53 参数变化对主梁成桥线形影响所占比重

二、总结与建议

宽幅连续梁桥采用短线法预制拼装施工过程中,预制阶段和安装阶段都对T构合龙平顺性有影响,为使合龙平顺,要注意以下事项:

(1)预制阶段应尽量按照预制指令调整匹配梁,提高测量精度,把误差控制到最小;浇筑混凝土应妥善养护,特别是低温季节,达到足够强度方可移动至存梁区;按照要求在模板发生变形时马上重新调校,消除变形。

(2)存梁台座须平整,所有受力的支撑部位须在同一平面。

(3)安装节段,墩顶块尽可能调整到误差最小。

(4)节段之间抹胶必须均匀。

(5)控制施工阶段梁上临时荷载应尽量对称于墩顶块并靠近墩顶块。

6 节段拼装波形钢腹板组合梁

6.1 一般规定

6.1.1 本章适用于波形钢腹板组合梁桥节段预制拼装施工。

波形钢腹板组合梁桥最早在法国建成,随后在日本得到快速发展。目前波形钢腹板梁的应用范围已从简支梁、连续梁扩展到了斜拉桥,施工方式主要包括悬臂浇筑、支架浇筑、顶推及预制吊装等,其中悬臂浇筑占比达90%以上。

节段预制拼装波形钢腹板组合结构桥梁是一种新型组合结构体系,其将短线匹配预制工艺与波形钢腹板组合梁桥相结合,能够充分利用各自的优势,克服常规混凝土节段梁自重大、接缝抗剪性能差等缺点。据测算,新型节段拼装波形钢腹板组合梁自重可以降低25%,结构受力合理,此外还具有造型美观、质量易控制、高效、环保等优点。

节段预制拼装波形钢腹板组合梁桥的主要施工工艺流程是波形钢腹板在钢结构厂内制造,采用短线匹配预制工艺逐节段成型组合梁节段,待存放期满足要求后转运至施工场地进行悬臂拼装。截至目前,世界范围内采用该工艺的仅有日本锅田高架、南京五桥引桥及接线,以及湖南平益高速南阳湘江特大桥(释图6-1),其特别适用于对抗震、景观要求高、运输条件有限、工期紧张的大跨及中小跨径桥梁,预计随着中小跨径组合结构桥梁的发展,未来会具有良好的应用前景。

a)日本锅田高架

b)南京五桥引桥

c)南阳湘江特大桥

释图6-1 节段预制拼装波形钢腹板组合梁桥

6.1.2 波形钢腹板组合梁节段可采用长线法或短线法预制。标准节段长度确定除应考虑结构受力、吊装能力、工期要求外,尚应与波形钢腹板标准波长相协调。

条文说明

由于长线法预制与常规现浇工艺较为类似,本章主要针对波形钢腹板组合梁节段短线法预制施工。通过对目前国内外波形钢腹板桥梁结构设计的统计分析表明,当主梁跨径大于40m时,通常采用1600型波形钢腹板。为方便波形钢腹板组合梁节段预制拼装(该工艺适应跨径一般为40m以上),标准节段长度通常定为一半波长的整数倍,如1.6m、2.4m、3.2m、4m、4.8m等,且接头设置在波形钢腹板的平幅上。

波形钢腹板组合梁节段长度需综合考虑结构受力、吊装能力、工期要求、标准波长等因素,波形钢腹板的连接部分需设置在平幅上以便施工。《组合结构桥梁用波形钢腹板》(JT/T 784—2010)规定,波形钢腹板按波长通常分为1 000型、1 200型和1 600型,其波长分别为1 000mm、1 200mm和1 600mm。

6.1.3 施工前应根据波形钢腹板与混凝土顶底板、波形钢腹板节段之间的连接构造以及节段预制工艺特点制定钢混结合区混凝土防裂、控裂等措施。

条文说明

波形钢腹板组合梁节段预制完毕后需在场地存放较长时间,经历外部环境变化,可能在钢混结合区等产生微裂缝,需结合预制工艺、连接构造特点等方面考虑混凝土防裂、控裂等措施。

波形钢腹板与混凝土顶底板连接件的类型有栓钉连接件、双开孔钢板连接件、埋入式连接件、单开孔板与栓钉组合连接件、角钢连接件等,如释图6-2所示。目前前三种连接件形式使用较多,无论采取何种连接件,均应保证波形钢腹板及其连接件定位位置准确。钢混结合区结构构造复杂、工艺烦琐,混凝土的浇筑质量难以保证,施工时根据需要可在翼缘板开设多个排气孔,确保浇筑密实,同时也可采用微膨胀混凝土、加强振捣、延长养护时间等措施预防结合区混凝土开裂;当于钢混之间采用埋入式连接件时,波形钢腹板在顶底板混凝土插入段不应紧贴梁端面,建议至少缩进20mm,如此可避免梁端预制时因预埋钢板分割混凝土产生的初始裂缝。

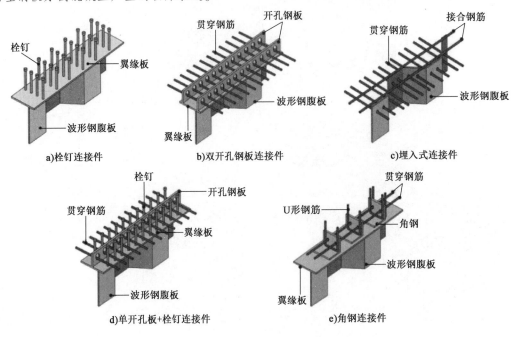

释图6-2 典型波形钢腹板组合梁连接件

6.1.4 波形钢腹板组合梁节段预制拼装施工过程中应对波形钢腹板制造、组合梁节段预制及拼装等进行全过程的施工监控，确保结构内力及线形满足设计要求。

波形钢腹板组合梁施工监控除应符合传统混凝土节段梁的施工控制要求以外，还应将波形钢腹板制造纳入施工监控程序，按照监控指令进行波形钢腹板、匹配梁等定位，确保结构内力及线形满足设计要求，一般可分为准备阶段、波形钢腹板制造阶段、预制阶段及安装阶段四个主要控制阶段，各阶段施工控制流程如释图6-3所示。

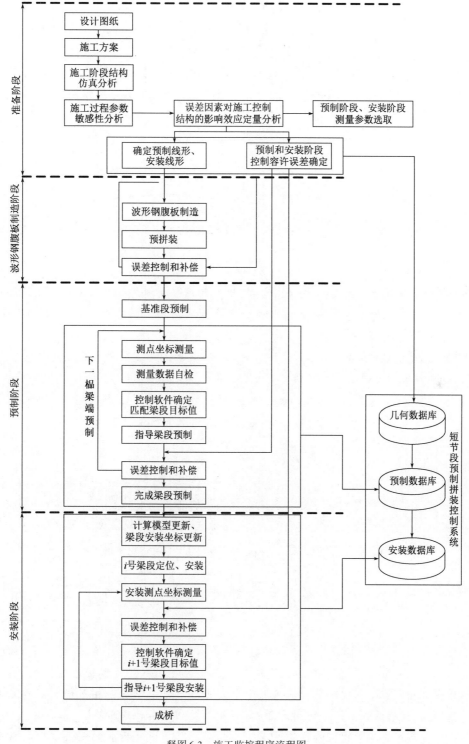

释图6-3 施工监控程序流程图

6.1.5 波形钢腹板制造除应符合现行《组合结构桥梁用波形钢腹板》(JT/T 784)的规定外,尚应符合下列规定:

1 应严格按制造线形加工,并按短线匹配法预制工艺进行切割。
2 波形钢腹板节段制造完毕后,宜按拼装工艺进行半跨或全跨预拼装。
3 预拼装完毕后,波形钢腹板节段间应设置临时匹配件,便于波形钢腹板在组合梁预制拼装过程中的精确复位、匹配。
4 波形钢腹板应在翼缘板上设置高程、轴线等测量控制点,以方便线形控制。

条文说明

采用短线法预制的波形钢腹板组合梁节段,其波形钢腹板制造线形需满足在短线法预制台座中定位安装的要求:首节波形钢腹板两端均需垂直于固定(浮动)端模,在固定端模侧(即预制前进方向)需垂直固定端模,如图6-1所示。

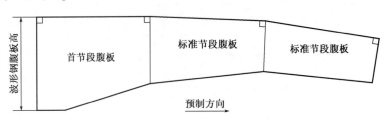

图6-1 波形钢腹板制造线形

1 采用短线法预制的波形钢腹板组合梁节段,其波形钢腹板制造线形应满足在短线法预制台座中定位安装的要求,同混凝土节段梁类似,即首节段波形钢腹板两端均须垂直于固定(浮动)端模,标准节段波形钢腹板在固定端模侧(即预制前进方向)须垂直固定端模。

2 波形钢腹板节段制造完毕、检验合格后,宜在预拼装胎架上进行半跨或全跨预拼装。预拼装主要是对波形钢腹板节段制作精度和接口匹配的检验,确保下道工序顺利实施,目的主要包括:验证工装的可靠性、制作工艺的合理性;对竖向线形的调整;对旁弯、平面线形的控制、调整及检测;对接口焊缝间隙及相邻接口对接缝错台进行调整;对波纹钢腹板长度进行监控、检测;在接口处组装临时连接匹配件。波形钢腹板预拼装工艺流程一般如下:

(1)逐个检查波形钢腹板节段,焊缝及几何尺寸符合要求后,方可进行预拼装。
(2)预拼装胎架按照监控单位提供的制造线形引起的拱度影响,按照线形空间坐标控制胎架支撑板高程和靠档平面位置(直线梁只需考虑胎架支撑板测平和靠档平面位置)。
(3)从中跨或边跨开始,在预拼装胎架上,依次摆放波形钢腹板节段试拼时,每拼完一个节段,均应进行接口错台、间隙、线形和几何尺寸检查,根据需要进行调整,并对接口进行临时码固,再继续试拼装。
(4)所有节段拼装完成后,对节段接口、预拼装线形、预拼装长度等项点进行全面检测,检测合格后,在节段接口处的腹板内侧面组焊临时匹配件。
(5)对完成预拼装的构件及零、部件进行编号、登记,为现场安装、焊接提供方便。
(6)解除匹配件临时焊缝;拆除节段接口临时码固件等,然后将节段下胎,进行除锈、涂装。

3 匹配件(释图6-4)主要用于波形钢腹板节段在组合梁预制拼装过程中的精确、快速复位与匹配,同时可有效限制相邻波形钢腹板节段在顶底板混凝土浇筑过程中发生相对错位。匹配件通常由角钢、螺栓及冲钉组成,相邻角钢间隙不应大于2mm,沿梁高方向进行合理布置。

4 波形钢腹板节段上应标记线形监控测点(释图6-5),作为波形钢腹板安装及节段预制的定位基准,通常可布置于距离节段端面20cm处。

6 节段拼装波形钢腹板组合梁

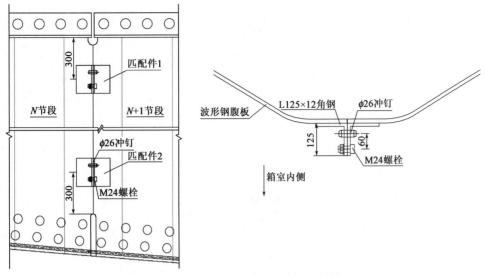

释图 6-4 波形钢腹板节段间临时匹配件(尺寸单位:mm)

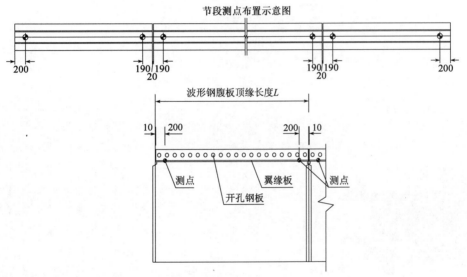

释图 6-5 波形钢腹板节段测点布置示意图(尺寸单位:mm)

6.1.6 波形钢腹板出厂检验(外观质量、加工精度、焊接质量、防腐涂装等)、运输和存放应符合现行《组合结构桥梁用波形钢腹板》(JT/T 784)、《公路桥涵施工技术规范》(JTG/T 3650)、《公路桥梁钢结构防腐涂装技术条件》(JT/T 722)的相关规定。

6.2 节段预制

6.2.1 波形钢腹板组合梁节段预制场地及生产线布置除应符合本规范第 5.2.1 条相关规定外,尚应考虑波形钢腹板场内堆存及入模方式等要求。

6.2.2 波形钢腹板组合梁节段预制模板系统设计除应符合本规范第 5.2.3 条相关规定外,尚应符合下列规定:
1 固定端模应在腹板区域设置活动块,方便波形钢腹板下放入模。
2 固定(浮动)端模、侧模应布置波形钢腹板三向调位及定位工装。
3 波形钢腹板与箱梁顶底板结合部应设止浆措施,避免混凝土浇筑过程中漏浆。

条文说明

模板系统对于短线匹配预制至关重要,在波形钢腹板组合梁节段预制模板系统(图6-2)设计中需要考虑以下几点:①与普通混凝土节段梁相比,波形钢腹板组合节段梁预制过程中增加了波形钢腹板安装工序,且安装定位精度要求高;②波形钢腹板相邻节段间采用对接焊或螺栓连接方式,其间隙通常不大于2cm,在待浇节段两端固定端模或匹配梁完成定位的情况下,波形钢腹板入模难度大;③钢混结合区连接构造复杂,混凝土浇筑质量难以保证,对模板密封性要求高。

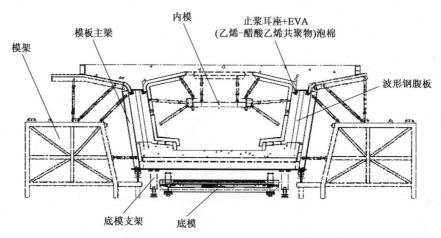

图6-2 波形钢腹板组合梁节段预制模板系统

相比混凝土节段梁,波形钢腹板组合梁节段预制模板系统具有自身特点,例如,模板需辅助波形钢腹板安装定位,宜设置调位工装以满足波形钢腹板初步定位、精确调位需求;波形钢腹板节段间间隙小等。

1 波形钢腹板相邻节段间常采用对接焊或螺栓连接方式,其间隙通常不大于2cm,而普通混凝土节段梁则有4~6cm的保护层厚度,在待浇节段两端固定端模或匹配梁完成定位的情况下,波形钢腹板入模难度大,因此实际吊装入模过程中,在固定端模腹板区域设置活动块(释图6-6),可大大提高波形钢腹板安装效率。

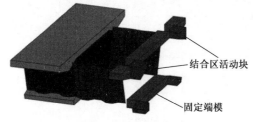

释图6-6 固定端模活动块

2 为提高波形钢腹板在预制台座内的安装精度,南京某桥均在固定(浮动)端模、侧模设置了波形钢腹板三向调位及定位工装(释图6-7),波形钢腹板借助侧模上部的止浆耳座和底部的定位支架进行初步定位;精度定位则利用模板上设置的螺杆校调系统进行横向、纵向及竖向的三向调整。

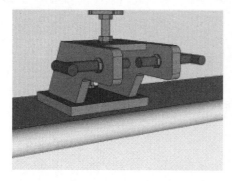 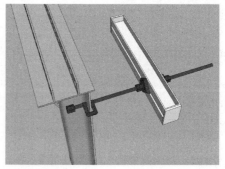

释图6-7 波形钢腹板调节装置

通过在节段梁侧模及端模上设置限位装置,可在模板内有效固定波形钢腹板位置,通过调整校调螺杆实现波形钢腹板在竖向及横向的精调和限位,波形钢腹板吊装前,通过测量辅助调整端模双向调整定位装置,使支撑面略高于波形钢腹板2~3mm,提高吊装波腹板入模安装时的定位精度,减少调整工作量。

6 节段拼装波形钢腹板组合梁

3 钢混结合区连接构造复杂,对模板密封性要求高,通常可采用泡沫棉、橡胶条等措施进行止浆。

6.2.3 波形钢腹板组合梁节段钢筋骨架应根据结构尺寸、连接构造等特点选择适宜的入模方式。

条文说明

波形钢腹板组合梁节段钢筋骨架入模方式通常为分部入模和整体入模。分部入模流程为:底板底层钢筋吊装→波形钢腹板吊装定位→波形钢腹板贯穿钢筋调整、固定→底板顶层钢筋安装→顶板钢筋笼吊装→波腹板顶部贯穿钢筋安装。整体入模则为顶底板钢筋笼与波形钢腹板制作为整体后吊装入模。

根据波形钢腹板组合梁节段钢筋笼制作及入模方式,波形钢腹板组合梁短线匹配预制可选择分部入模及整体入模两种工艺流程,两种工艺的典型工序如释图6-8所示。

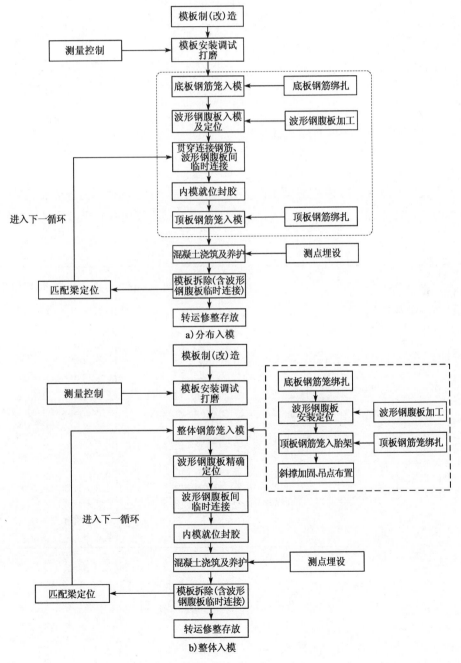

释图6-8 入模方式典型工序

波形钢腹板组合梁典型预制工序如释图 6-9 所示。

释图 6-9 波形钢腹板组合梁典型预制工序

开展现场工艺试验,从施工效率、可操作性、施工质量等方面比选波形钢腹板组合梁节段钢筋笼的两种入模方式。可以看出:

整体入模方式可有效提高钢筋笼制作质量,缩短预制台座内的作业时间,但增加了整体吊装的难度和钢筋绑扎台座内的作业时间;分部入模方式易于施工,且能在不增加钢筋笼绑扎区域功能布置的前提下保证施工效率,但对钢混连接形式要求高。钢筋笼制作及入模施工方式见释表 6-1。

释表 6-1 钢筋笼制作及入模施工方式比选

入模方式	优 点	缺 点	解决措施
分部入模	①各部分入模施工难度小; ②波形钢腹板间无须临时支撑; ③吊装要求低、风险小; ④波形钢腹板仅需模板内调位; ⑤顶板钢筋笼后于内模进入,无须控制顶板钢筋笼变形	①分次入模,效率较低,调位及钢混连接占用预制台座时间长; ②在预制台座内钢混连接,如贯穿钢筋等施工不便,质量不易保证; ③对钢混连接件形式要求高	①提高波形钢腹板在模板内的调位效率; ②底板外角模可选择在钢筋贯穿完毕后安装到位或优化钢混连接形式; ③优化钢混连接形式,减少台座内的钢混连接作业时间
整体入模	①对钢混连接件形式要求低; ②钢筋施工质量易于保证; ③单个节段入模效率高; ④符合短线法流水线作业要求	①对吊装要求高,增加了波形钢腹板间加固、各部分间临时固定等工序; ②波形钢腹板需要两次调位; ③顶板钢筋笼变形需要控制; ④整体钢筋笼制作时间较长	①合理设置吊点进行吊装且应与钢筋笼绑定,波形钢腹板横向设置易于装卸的斜撑; ②确定两次调位控制标准,提高调位效率; ③采用型钢吊挂控制变形; ④增加波形钢腹板斜撑加固、定位、顶板钢筋绑扎作业面,提高整体钢筋笼绑扎效率

通过调研大量预制装配式桥梁的钢筋入模方式,结合南京某项目现场试验进行对比分析,结果表明相比混凝土顶底板钢筋骨架整体入模,分部入模易于施工,技术难度更低,在现场施工条件不足的情况下,施工效率更高。

6.2.4 当混凝土顶底板钢筋与波形钢腹板分部入模时,应符合下列规定:
1 混凝土顶底板钢筋笼应在专用胎架上制作,并采用多点吊装入模;对于不便整体吊装入模的钢筋笼可在预制台座内绑扎成型。

2 对于被钢混连接件或波形钢腹板断开的区域可增加辅助连接钢筋,钢筋连接形式如图 6.2.4 所示,提高顶底板钢筋笼吊装时的整体稳定性,减少吊装过程中的变形。

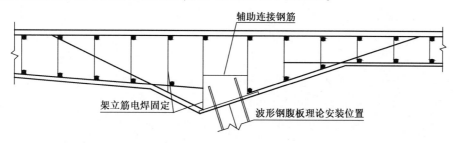

图 6.2.4 顶板钢筋骨架辅助连接钢筋示意图

条文说明

为提高施工效率,顶底板钢筋笼尽量采用整体制作安装工艺。当采用开孔板连接形式时,顶底板与波形钢腹板间需在钢筋骨架组拼完成后贯穿连接钢筋,顶底板钢筋笼整体吊装前需在钢混连接区域增加辅助连接钢筋。建议预先形成网片钢筋后吊装入模,尽量缩短钢筋绑扎占用台座的时间。

顶底板钢筋笼柔性大,在专用胎架上制作可更好地控制钢筋笼制作精度。为了增加骨架整体刚度,尽量减小吊装过程中钢筋骨架的变形,应采用自平衡式吊具多点吊装入模。

6.2.5 当混凝土顶底板钢筋与波形钢腹板整体入模时,应符合下列规定:

1 混凝土顶底板钢筋与波形钢腹板的组装应在专用胎架上进行,该胎架应具备波形钢腹板初定位功能。

2 整体骨架吊装前,应做好横向多道波形钢腹板间、波形钢腹板与顶底板钢筋笼之间的临时连接,钢筋笼与波形钢腹板应避免焊接。

3 整体骨架吊装时,应在顶底板钢筋笼内和波形钢腹板上设置多个吊点,减少吊装过程中的变形。

1 在专用胎架上制作可更好地控制钢筋笼整体制作精度,同时胎架应满足波形钢腹板进行初步定位的需求。

2 顶底板钢筋与波形钢腹板整体入模时,吊重大、结构尺寸大,为尽量避免吊装过程中波形钢腹板出现移位,在钢筋笼吊装前需进行临时加固(释图 6-10),加固措施包括单个箱室内多道波形钢腹板间、波形钢腹板与顶底板钢筋笼临时连接。多道波形钢腹板间连接措施包括水平拉杆、斜撑,拉杆可采用内设螺杆的定尺厚壁钢管。波形钢腹板与顶底板钢筋笼临时连接包括结合区限位装置及点焊连接。

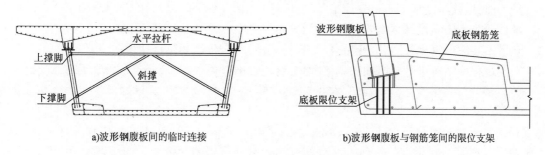

a) 波形钢腹板间的临时连接   b) 波形钢腹板与钢筋间的限位支架

释图 6-10 整体钢筋笼临时加固措施

3 为减少吊装过程中的钢筋笼整体变形及波形钢腹板移位,采用专用吊具多点起吊,吊点处设置手拉葫芦。起吊时,顶底板都采用起重链条与钢筋笼相连接。

6.2.6 钢混连接用贯穿钢筋安装与定位应符合下列规定：
1 对于在绑扎胎架或预制台座难以安装的贯穿钢筋，可提前将其安装于波形钢腹板中，随波形钢腹板入模后进行精确定位，并与顶底板钢筋笼连接为整体。
2 贯穿钢筋宜居中于钢板贯穿孔，安装偏差不应超过5mm，且应垂直于开孔板并定位牢固。

条文说明

目前波形钢腹板组合梁中应用较多的抗剪连接件包括埋入式连接件（图6-3）、开孔钢板连接件等，施工过程中均需在波形钢腹板预留孔中贯穿钢筋。

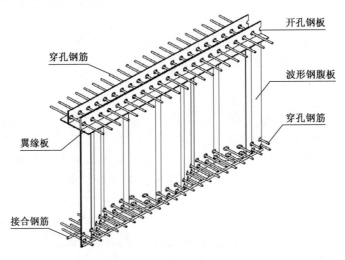

图6-3 典型波形钢腹板组合梁钢混连接件

对现场施工而言，在绑扎胎架或预制台座内难以安装的贯穿钢筋，可预先组装于波形钢腹板之上，随波形钢腹板一起入模后进行精确定位。《公路桥涵施工技术规范》（JTG/T 3650—2020）规定，穿过开孔板的钢筋应在栓孔上居中贯通布置，其偏差应不超过5mm，并不得与开孔板焊接，连接件就位后，应对其安装质量进行检查，不符合要求时应及时进行调整；本条采纳了对于安装精度的要求，规定贯穿钢筋应垂直于开孔板并定位牢固。

条文说明对抗剪连接件形式进行了解释，根据《组合结构桥梁用波形钢腹板》（JT/T 784—2010）的规定，波形钢腹板与混凝土顶底板连接件类型有波形钢腹板上缘焊接钢板的翼缘型连接形式、波形钢腹板上开孔并焊接结合钢筋的嵌入型连接形式，具体可分为嵌入型连接件、型钢连接件、焊钉连接件、开孔钢板连接件等。

6.2.7 波形钢腹板安装应符合下列规定：
1 吊装前，应核对波形钢腹板设计编号，并应检查出厂合格证及材料的质量证明书。
2 吊具的刚度应满足吊装需要，吊点应均匀布置，便于波形钢腹板竖直进入胎架或模板。
3 起吊安装波形钢腹板时，应轻吊轻放，支垫平稳，并应防止触碰连接件。
4 安装过程中不应进行临时性的焊接和切割作业，确有需要时，应经论证批准后方可实施。

《公路桥涵施工技术规范》（JTG/T 3650—2020）第18.6.4条规定，波形钢腹板在运输和存放时，应按拼接顺序编号；第18.6.5条规定，起吊安装波形钢腹板时，应轻吊轻放，支垫平稳，并应防止碰撞连接件。《波形钢腹板组合梁桥技术标准》（CJJ/T 272—2017）第8.2.7条规定，吊具的刚度应满足吊装需要，吊点应均匀布置。本条结合上述两个标准的规定，对波形钢腹板安装进行了要求，对安装过程不应进行临时焊接和切割的规定，是因为临时焊接和切割可能损伤波形钢腹板，影响其承载性能，确有需要时，需经论证审批后方可实施。

6.2.8 波形钢腹板预制台座内精确定位时应符合下列规定：

1 一个预制单元中的首节段波形钢腹板可通过模板系统进行调位及定位，标准节段波形钢腹板可通过临时匹配件与相邻已预制完成段波形钢腹板连接固定，各个匹配件间应紧密贴合并打入冲钉。

2 波形钢腹板应整体调位，避免波形钢腹板断面发生扭曲。

3 波形钢腹板定位后，应再次进行定位复测，并确保定位措施能有效控制波形钢腹板在浇筑过程中的移位。

1 由于首节段波形钢腹板是后续节段的定位基准，因此确保其安装精度至关重要，具体要求是：①严格控制固定端模、活动端模水平度、垂直度，钢筋笼及波形钢腹板入模后应进行校验；②应保证波形钢腹板位置符合设计要求，包括波形钢腹板顶缘线、底缘线与固定端模交点位置，固定端模顶缘线、底缘线应与固定端模保持垂直；③靠模板系统的三向调位装置及临时匹配件完成波形钢腹板位置姿态调整及定位。

2 波形钢腹板面内及面外刚度小，即使与翼缘板焊接成型，节段刚度仍然不大，易受外荷载影响而发生局部变形，而波形钢腹板安装定位要求高，因此在调位时应整体调位，时刻注意腹板受力情况，避免波形钢腹板断面发生扭曲。

6.2.9 波形钢腹板定位标准应符合表6.2.9的规定。

表6.2.9 波形钢腹板定位标准

序号	项目	规定值或允许偏差(mm)	检查方法
1	波形钢腹板轴线偏位	±2	沿节段长度方向测量2处
2	波形钢腹板横桥向垂直度(斜率)	1/500	沿高度方向选顶底部测量2处
3	波形钢腹板纵桥向坡度	1/1 000且不大于2/L(L为节段长度)	沿节段长度方向测量2处
4	内外侧波形钢腹板间距偏差	±3	沿节段长度方向测量2处
5	内外侧波形钢腹板高差	±3	沿节段长度方向测量2处
6	相邻波形钢腹板节段间接缝宽度偏差	±2	沿腹板高度方向选顶底部测量2处

条文说明

由于波形钢腹板的线形在制造时确定，在波形钢腹板组合梁节段短线匹配预制过程中，波形钢腹板的安装定位偏差会累积到后续节段并呈放大趋势，参考已有工程经验，本规范增加规定了波形钢腹板纵桥向坡度、节段间接缝宽度偏差两项控制标准。

波形钢腹板模板内安装控制主要包括两个方面：一是波形钢腹板剪力键埋入底板和顶板的深度控制；二是相邻节段钢腹板之间连接控制。由于相邻节段钢腹板夹角在工厂内已基本确定，在安装阶段可调余地小，因而波形钢腹板安装控制采用以前后端竖向高程为主，前后两段夹角控制为辅的控制方法。

标准编写组在充分调研国内外相关标准基础上，根据波形钢腹板箱梁节段安装线形精度控制需求，结合理论分析、现场验证，提出了适用于短线法预制的波形钢腹板定位标准，主要变化是：

(1) 提高了轴线偏位、内外侧波形钢腹板间距和高差等控制指标标准；

(2) 增加了波形钢腹板纵桥向坡度控制项，为尽量减少累计误差，波形钢腹板节段内前后端高程控制点高差应不大于2mm；

(3) 增加了节段间拼缝宽度控制项，并规定接缝宽度偏差不大于±2mm。当波形钢腹板节段间采用对接焊或高强螺栓连接时，组合梁节段预制需严格控制接缝宽度。实际操作过程中，首先按照监控指令调整定位匹配梁整体位置，然后定位待浇梁波形钢腹板，同时检测接缝宽度，直至满足表6.2.9的要求。

6.2.10 波形钢腹板组合梁节段钢混结合区混凝土浇筑除应满足现行《公路桥涵施工技术规范》(JTG/

T 3650)等相关技术要求外,尚应符合下列规定:

1 当混凝土顶板与波形钢腹板采用埋入式连接时,应在模板与波形钢腹板之间预留40mm左右的间隙,并在其内填充止浆材料。

2 当混凝土底板与波形钢腹板采用埋入式连接时,应符合下列规定:

1)应制订合理的混凝土拌合物布料顺序,尤其对于底板结合区。

2)应首先在承托位置内侧布料,振捣密实后,必须及时向承托外侧补料,严禁从内侧直接赶料。

3 当混凝土顶板与波形钢腹板采用翼缘式连接时,应确保钢顶板四周与模板或匹配梁之间均密封完好。

4 当混凝土底板与波形钢腹板采用翼缘式连接时,应在翼缘钢板开设多个排气孔,保证混凝土浇筑密实。

5 混凝土振捣过程中应避免损伤栓钉、开孔板等连接件。

6 当采用开孔板连接件时,结合区混凝土粗集料宜采用5~20mm连续级配碎石,最大粒径不应超过25mm。

条文说明

钢混结合区由于普通钢筋、预应力管道、连接件之间相互干扰影响,且波形钢腹板与混凝土顶底板通过各种形式连接件连接,其构造复杂,浇筑振捣困难,因此结合区混凝土的浇筑是控制预制质量的关键。

(1)波形钢腹板与顶板采用埋入式连接件时,施工时需要注意:①为浇筑顶板混凝土,需按图6-4所示波纹形状加工方法制造模板;②为吸收钢板厚度以及弯曲半径制造偏差,模板和波形钢腹板之间需要留有一定的间隙,并在安装模板时同步在间隙内填充橡胶来防止漏浆。

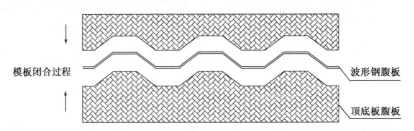

图6-4 考虑钢腹板波形的结合区模板

(2)波形钢腹板与底板采用埋入式连接件时(图6-5),底板布料顺序为:①底板中央;②被波形钢腹板隔开的箱室内侧承托;③被波形钢腹板隔开的箱室外侧承托。

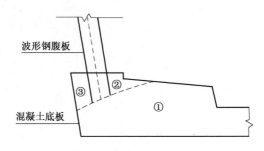

图6-5 采用埋入式连接的底板混凝土布料顺序

(3)波形钢腹板与顶板采用翼缘式连接件时,钢顶板兼作顶板混凝土浇筑的底模,但考虑到钢顶板、模板存在制造误差,导致两者之间难以密贴,且钢顶板端部与端模、匹配梁间均需预留一半波形钢腹板接缝缝宽等,需要在钢顶板四周采取图6-6所示的止浆措施。

6 节段拼装波形钢腹板组合梁

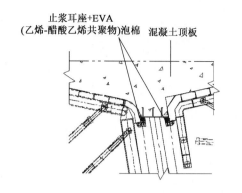
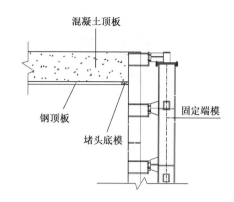

图6-6 采用钢顶板作为底模的止浆措施

(4)波形钢腹板与底板采用翼缘式连接件时,钢板下方结合区混凝土浇筑质量难以把控,需在翼缘钢板开设多个排气孔,同时提高混凝土工作性能,确保浇筑密实。

钢混结合区由于普通钢筋、预应力管道和连接件之间相互干扰,浇筑质量难以保证,《公路桥涵施工技术规范》(JTG/T 3650—2020)第18.5.1条第4款对于连接件施工进行了如下规定"连接件中的混凝土施工,宜采用有利于混凝土振捣密实的体位方式进行浇筑;且宜通过必要的工艺试验,验证混凝土的性能,同时验证浇筑振捣的方式和工艺能否保证混凝土填充密实并与连接件接触良好。当在顶面有钢板的情况下浇筑混凝土时,应在钢板上设置适当数量的通气开孔,使混凝土浇筑时空气气泡能顺利地逸出,保证混凝土振捣的密实性。"因此,本条结合现场实践对钢混结合区的混凝土浇筑质量进行了针对性规定,主要包括制定合理的混凝土拌合物布料顺序、翼缘板开孔透气、模板止浆措施、粗集料的级配控制等。

6.2.11 波形钢腹板组合梁节段脱模、拆分以及养护除应符合本规范第5章的相关规定外,尚应符合下列规定:

1 混凝土抗压强度达到设计强度的75%且弹性模量达到设计弹性模量的75%后方可脱模。
2 钢混结合区混凝土宜保温保湿养护7d以上,对于波形钢腹板与底板的连接区域应事先采用密封材料进行封闭处理。

条文说明

相对于常规混凝土节段梁,波形钢腹板组合梁顶板由波形钢腹板支撑,其抗弯刚度较小,若脱模过早,可能产生影响节段匹配预制质量的竖向挠曲变形,同时也带来内模与匹配梁不能密贴而出现的漏浆问题。如图6-7所示,在匹配预制 n 号块时,$n-1$ 号块顶板中央发生竖向变形 Δ,该变形将导致 n 号块梁面实际线形为虚线所示;同样地,在匹配预制 $n+1$ 号块时,n 号块顶板中央继续发生竖向变形 Δ,$n+1$ 号块梁面实际线形为点划线所示。如此,n 号块进入存放台座后,箱梁中央处梁高将比理论梁高减少 2Δ,而悬臂端处梁高则会增大相应数值。根据南京五桥等变形实测数据,在混凝土弹性模量达到50%、75%时进行拆模,顶板中央处竖向位移 Δ 分别为4.6mm、2.2mm。

1 本规范第4.2.11条规定了承重模板宜在混凝土抗压强度达到设计强度的75%后脱模,第5.2.10条规定了混凝土节段梁脱模应达到设计强度的75%,波形钢腹板组合梁节段脱模强度与二者是一致的。

2 根据《混凝土结构工程施工质量验收规范》(GB 50204—2015)中混凝土"洒水保湿养护时间应不少于7d"的规定,钢混结合区混凝土质量控制要求高,宜保温保湿养护7d以上。《公路桥涵施工技术规范》(JTG/T 3650—2020)第18.6.7条第9款规定"应根据设计要求,对波形钢腹板与混凝土底板的结合部进行密封处理,防止雨水或附着在波形钢腹板表面上的凝结水渗透进入其内部,且在该结合部的混凝土顶面宜设置成有利于排水的斜面。"因此,波形钢腹板与底板的连接区域应有很好的封闭措施。

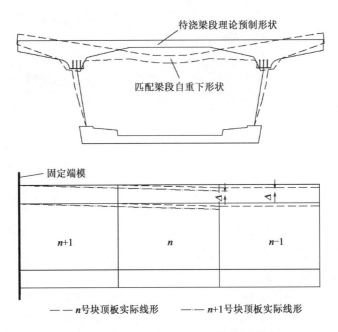

图 6-7 拆模后顶板变形对匹配预制质量的影响

6.2.12 波形钢腹板组合梁节段预制质量控制标准应符合本规范第 5.2.10 条相关规定。

本条是波形钢腹板组合梁节段预制质量的控制标准，要求同混凝土节段梁。

6.3 存放与运输

6.3.1 波形钢腹板组合梁节段吊装、堆存及运输前，宜开展下列计算分析及专项设计：
1 吊装过程分析：确定吊点布置，并对吊具进行专门设计，避免吊装过程受力不均。
2 多层堆存分析：确定支点布置，并提出控制存梁期截面周边残余变形的措施。
3 分析节段重量、支点不均匀沉降、运输过程中振动等对组合梁节段不利影响，必要时可在箱室内布置交叉刚性支撑等增强构造，提高节段横向抗弯以及空间抗扭刚度。

条文说明

相对于常规混凝土节段梁，波形钢腹板组合箱梁节段空间效应更为显著，需对梁段吊装、运输和堆存过程进行全面分析并提出不利变形以及应力控制措施，如增设吊点、减少多层堆放、增加箱室内斜撑（图 6-8）等。

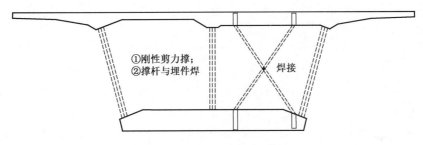

图 6-8 箱室内刚性支撑增强措施

波形钢腹板箱梁横向抗弯及抗扭刚度较弱，梁段在吊装、存放及运输等过程中所产生的变形及应力不容忽略，因而需进行相关计算分析及专项设计。

1 国内外学者对于波形钢腹板箱梁合理横向计算方法开展了研究,并将部分成果纳入相关标准规范中,如"箱梁桥面板计算跨径不大于6m时,可使用平面框架模型进行分析""对于桥面板跨径超过6m的箱形截面、单箱多室截面以及带有横梁的桥面板,应采用三维有限元模型进行分析"。标准编写组依托前期模型试验、实际工程项目等,对箱梁桥面板预制期变形进行了大量监测,并选取平面框架模型、钢混刚接实体元模型以及考虑实际钢混连接的实体元模型等进行分析,通过理论与实测数据对比,发现考虑实际钢混连接的实体元模型可以更为准确地预测箱梁桥面板在拆模、起吊及存放等各种工况下的竖向变形。因而,建议在开展波形钢腹板节段箱梁吊装、存放分析时,可采用考虑实际钢混连接的实体元模型。

2 波形钢腹板节段梁因其重心偏高,堆存时考虑地基加固处理的经济性及抗倾覆稳定性,一般不超过两层,且当梁高≥3m时选择单层堆放,双层堆放时遵循由上至下节段重量递减原则。双层堆存时的支点位置如释图6-11所示。

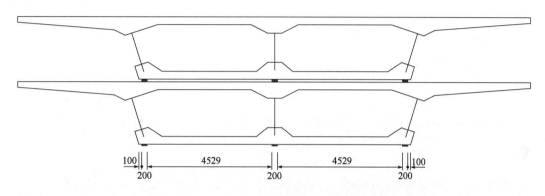

释图6-11 双层存梁支点布置(尺寸单位:mm)

3 在波形钢腹板节段箱梁吊装、运输等过程中,钢腹板支撑的混凝土顶板结构,在倾斜、振动等工况下,容易产生水平力,形成节段箱梁扭转和畸变的诱因。为提高运输及吊装等施工过程中端口抗扭转性能,在箱室靠近节段梁端面处设置临时拉索或刚性支撑。节段在运输和吊装过程中,水平力作用可按下式验算临时支撑:

$$F_h = \max\{1.2G_t \cdot \sin i, 0.2G_b\}$$

式中:F_h——箱口临时支撑验算水平力;
  G_t——混凝土顶板重;
  G_b——混凝土底板重;
  i——运输道路不利纵坡。

箱梁端口临时支撑在与混凝土顶底板连接时,宜采用预埋组件与支撑系统栓接等连接措施,避免支撑型钢直接焊在预埋件上,以消除临时构件产生的附加应力,预埋组件局部受力应满足要求。通过支撑系统,使混凝土顶底板横向变形差在验算水平力作用下控制在1.5mm以内。以南京某桥跨大堤及滨江大道桥单箱双室波形钢腹板节段梁为例进行建模计算,在其顶板一侧施加98kN横向水平力:当不采取任何措施时,波形钢腹板节段梁最大横向变形为4mm;当采用柔性拉索时,横向变形为1.5mm;当采用刚性支撑时,横向变形可降至0.8mm。

6.3.2 波形钢腹板组合梁节段吊装除应符合本规范第5章的相关规定外,尚应符合下列规定:
1 混凝土抗压强度应在达到设计强度的85%后方可进行吊装作业,且应满足设计要求。
2 起吊时应确保吊点均匀受力,避免组合梁节段发生倾斜,并应采取有效措施保证节段不受到碰撞。
3 箱室内增强措施应在吊装前安装到位。

根据《公路桥涵施工技术规范》(JTG/T 3650—2020)第18.4.6条第1款的规定,组合节段桥面板混凝土的抗压强度应在达到设计强度的85%后,方可对组合节段进行起吊和场内移运作业;设计对此有规定时,应从其规定。

6.3.3 波形钢腹板组合梁节段叠放层数宜根据构件强度、台座地基承载力、支撑物强度及叠放稳定性等经计算确定,不应超过2层,且遵循由下至上梁段重量递减原则堆存。

根据《公路桥涵施工技术规范》(JTG/T 3650—2020)第18.4.6条第4款规定,组合节段的存放高度不宜超过两层,两层之间应采用垫木或其他适宜的物体隔开支承。实际条件下,宜根据构件强度、台座地基承载力、支撑物强度及叠放稳定性等因素综合确定。

6.3.4 波形钢腹板组合梁节段出运前应对箱梁截面尺寸以及顶板、波形钢腹板等变形进行复测。

6.4 节段拼装

6.4.1 波形钢腹板组合梁节段悬臂拼装、逐跨拼装等一般性施工工艺应符合本规范第5.4~5.6节的相关规定。

波形钢腹板组合梁桥节段安装的一般性施工工艺与混凝土节段梁保持一致。

6.4.2 波形钢腹板组合梁节段腹板现场连接应符合下列规定:
1 波形钢腹板组合梁节段间临时预应力张拉完成后,应及时对钢腹板进行临时连接。
2 应采取必要措施减少节段间腹板接缝偏差,在内、外腹板位置,高度方向和宽度方向的拼缝错口不宜大于2mm。
3 采用高强螺栓连接或焊接连接的波形钢腹板组合梁,其工地现场连接的施工要求应符合现行《公路桥涵施工技术规范》(JTG/T 3650)的规定。

1 波形钢腹板节段间连接施工是关键工序,标准节段悬臂拼装包括顶底板环氧树脂胶涂抹、顶底板临时预应力张拉、永久预应力张拉、波形钢腹板节段间临时连接及永久连接等,连接工序多,需要先优化连接工序,使其既能满足施工期受力要求,还能提高现场拼装效率。

2 《公路桥涵施工技术规范》(JTG/T 3650—2020)第18.6.5条4款规定,波形钢腹板安装时,应对首块波形钢腹板的定位精度进行严格控制;当梁体有纵坡时,波形钢腹板纵向的倾斜角度可通过在其底部设置衬垫的方式进行调整;并应采取有效措施对相邻波形钢腹板之间的接缝位置进行控制,其错口的偏差宜不超过2mm。本规范同样规定在内、外腹板位置,高度方向和宽度方向的接缝错口不宜大于2mm。

3 波形钢腹板节段间可采用对接焊接、高强螺栓连接、高强螺栓与贴角焊接相结合等方法。标准编写组开展了高强螺栓连接系列工艺试验,在完成顶底板匹配连接并张拉临时预应力后,开始安装双面拼接板,外侧拼接板由箱室内穿过接缝后,由绳索辅助进行安装。待双拼接板安装到位后,利用螺栓孔敲入冲钉临时连接,数量不少于全部孔位的1/3,然后开始安装高强螺栓。现场连接结果表明,节段匹配连接良好,顶底板接缝面实现密贴,两侧波形钢腹板高强螺栓均能投满,梁面测点安装误差均在2mm以内,表明该拼装工序是可行的。

波形钢腹板组合节段梁典型拼装工序如释图6-12所示。

当采用高强螺栓和贴角焊接相结合的连接时,不得把高强螺栓同时拧入开孔钢板,建议先将定位螺栓拧入波形钢板最上缘开口钢板进行临时固定,待角度、高程等调整完毕后,采用定位螺栓对下缘进行临时固定,再进行贴角焊接和高强螺栓的连接,有效消除焊接造成的温度应力对节段拼接处的影响。

释图6-12 波形钢腹板组合节段梁典型拼装工序

6.4.3 合龙段波形钢腹板加工及配切应符合下列规定：
1 根据设计尺寸留有余量制造合龙段波形钢腹板单元件。
2 选择合适温度环境反复观测合龙口实际尺寸,确定合龙段长度及高程,进行配切。
3 调整合龙口高程,并临时锁定合龙口。
4 合龙段波形钢腹板吊装到位,检测满足要求后连接。

1　零件采用计算机放样后,一般采用数控切割设备进行下料切割,而钢板的下料尺寸需要根据加工设备的情况预留出切割余量和焊接收缩量,以满足加工的工艺要求。加工余量通常包括焊接变形、切割余量、机加工余量和二次切割量等。

2　合龙口形态受环境温度及温度场影响较大,姿态调整有限,焊接工艺要求严格,因此需基于环境温度与温度场关联分析及天气预报,考虑温度影响,对合龙段配切量进行修正,实现合龙段零附加应力精确自然合龙。

3　合龙梁段施工前,应对两悬臂端的中线、高程进行测量检查,当发现两悬臂端中线和高程及其相对偏差大于15mm时,应采取措施实施纠正。通常采用外刚性支撑和张拉临时钢束相结合的方式对合龙段进行临时锁定。

4　波形钢腹板吊装调整到位后,应检测合龙段波形钢腹板两侧孔位是否有偏差、波形钢腹板节段间搭接处的间隙是否合格,对于搭接处间隙过大的位置采用打斜铁的方式进行调整,调整到位后点焊固定,待波形钢腹板搭接间隙检验合格后,进行焊接并组装、焊接桥位连接钢筋。

6.4.4　波形钢腹板桥位二次防腐涂装应符合下列规定:

1　波形钢腹板的二次涂装应在桥梁主体施工完成后及时进行。

2　组合梁节段间连接处的涂装修复宽度应以焊接施工时不破坏相邻涂层为准,且涂装修复工艺应符合现行《公路桥梁钢结构防腐涂装技术条件》(JT/T 722)的规定。

1　面层涂装可采用聚氨酯类、聚硅氧烷类或气碳类面漆。应采用高压无气喷涂方式。面层涂装宜分成两层,第一层在工厂涂装,第二层安装后整体涂装。波形钢腹板在安装过程中会有一些临时焊接,焊接时需将涂层打磨,在主体结构施工完成后及时进行二次防腐涂装修复。

2　焊缝处的涂装修复应先清理烧蚀区域,再涂刷富锌底漆,中层和面层按原涂装方案(工厂喷铝层)执行。修复宽度以焊接施工时不破坏相邻涂层为准,各层修复厚度为原设计厚度的120%为准。

6.4.5　波形钢腹板组合梁桥节段安装质量控制标准应符合本规范第5.6节的规定。

波形钢腹板组合梁桥节段安装的质量控制标准与混凝土节段梁保持一致。

附:南京五桥节段拼装波形钢腹板组合梁预制和安装技术

南京五桥引桥及接线上部结构施工采用节段梁预制安装工艺和满堂支架现浇工艺,其中跨大堤及滨江大道桥、北接线丰子河路跨线桥、北接线立新路跨线桥采用波形钢腹板节段梁预制安装工艺。下面以跨大堤及滨江大道桥为例,详述节段预制拼装波形钢腹板组合梁的预制和安装技术。

一、跨大堤及滨江大道桥结构特点

跨大堤及滨江大道桥主梁为单箱双室斜钢腹板预应力混凝土箱梁(释图6-13),标准箱梁顶板宽18.65m,梁高和底板厚度均以1.8次抛物线的形式由跨中向根部变化。跨中梁高2.2m,底板厚28cm,根部梁高4.5m,底板厚60cm。斜腹板斜率与北引桥相同,为1:3.125,底板宽由跨中9.858m渐变至根部8.386m。翼缘悬臂长均为3.9m。顶板标准厚度为27cm,在墩顶横隔板附近加厚至51cm。

二、波形钢腹板节段梁预制

(一)施工工艺流程

变截面波形钢腹板组合箱梁预制工艺流程如释图6-14所示。

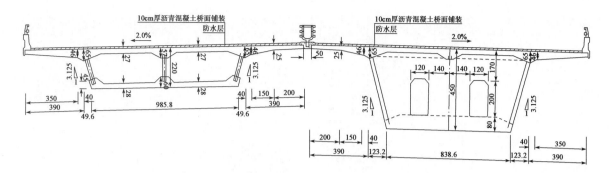

释图6-13 跨大堤及滨江大道桥波形钢腹板箱梁标准断面图(尺寸单位:cm)

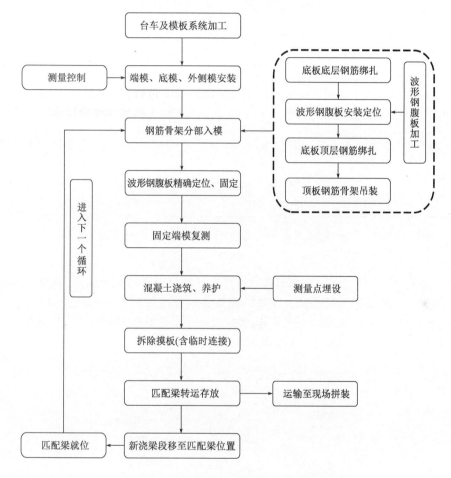

释图6-14 波形钢腹板组合箱梁预制工艺流程图

(二)主要施工工艺

1. 钢筋工程

(1)半成品钢筋加工

半成品钢筋加工制作时依据设计图纸中钢筋大样图或出具的下料单进行试制样,将试制件与1:1比例的大样图比对下料精度(释图6-15),合格后进行批量加工。

(2)绑扎胎架设计

波形钢腹板箱梁钢筋骨架采取分部吊装入模工艺施工,单个波形钢腹板钢筋顶板钢筋绑扎在胎架上进行(释图6-16)。

释图6-15 半成品钢筋加工及精度校核

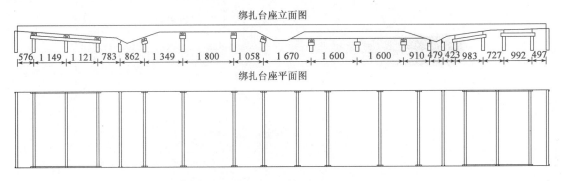

释图6-16 波形钢腹板钢筋绑扎胎架设计图(尺寸单位:mm)

(3)钢筋骨架绑扎

钢筋骨架在预制台座内进行绑扎,首先进行混凝土底板底层网片钢筋安装,待波形钢腹板吊装入模定位后进行底板架立钢筋及顶层网片安装。顶板钢筋骨架安装应避让波形钢腹板两侧处底层钢筋,并利用架立钢筋点焊固定(释图6-17);在顶板混凝土被波形钢腹板隔开钢筋骨架处增加辅助连接钢筋,提高骨架吊装时整体稳定性,减少吊装过程中的变形。

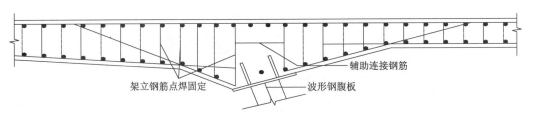

释图6-17 顶板混凝土加腋处钢筋骨架安装示意图

(4)钢筋骨架吊装

顶板钢筋骨架起吊(释图6-18)前应调整各吊点钢丝绳长度,使其松紧程度基本一致,在骨架吊离胎架10cm时再次检查并调整使各点受力均匀,入模与波形钢腹板对接时应匀速、缓慢。

2.波形钢腹板定位

波形钢腹板的吊装可利用顶部倒"Π"形开孔钢板预留孔(释图6-19),并在波形钢腹板尾部拴带缆风绳,使波形钢腹板大致依据设计斜率倾斜入模。

在波形钢腹板匹配梁侧定位(释图6-20)上,由于波形钢腹板加工制造时已完成线形预拼装,并在相邻波形钢腹板间设置了临时匹配连接件,因此在除1号梁段预制施工过程中,匹配梁通过测量调整定位后,可通过波形钢腹板间临时匹配连接件完成待浇梁段匹配梁侧波形钢腹板定位安装。

释图6-18　顶板钢筋绑扎胎架及钢筋骨架吊装

释图6-19　波形钢腹板吊装及底部穿孔钢筋安装

释图6-20　波形钢腹板匹配梁侧定位

波形钢腹板固定端侧定位利用固定端模处增设的双向调节工装进行(支持上下及横桥向调节)。通过测量监控波形钢腹板安装位置,辅助工装及千斤顶进行波形钢腹板高度及底部精准定位。波形钢腹板顶钢板下缘处侧模支架位置增设钢腹板横向调节、限位装置,限制其顶部偏位。

3.模板工程

(1)模板系统

波形钢腹板节段梁预制模板系统应进行专项设计,主要包括底模、底模支架、侧模模板主梁、侧模模架、内模、固定端模(释图6-21)等。

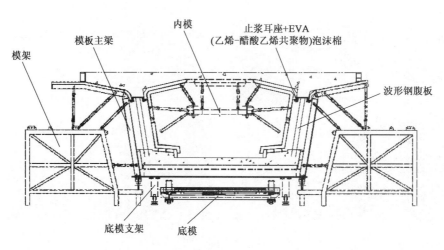

释图6-21 固定端模系统调节示意图

(2)模板安装及使用

前一榀箱梁移出模板后,进行下一榀箱梁模板施工,施工顺序为:更换变化块→模板清理→外侧模安装→内模进入安装→模板加固→达到拆模强度后拆除内、外模。

(3)模板止浆控制

①模板拼缝处止浆。

考虑钢模拼装时可能出现因拼接不密贴现象,固定端模、活动端模在加工制作时均沿内外边缘侧预留宽度为1cm的止浆条卡槽,安装定做挤塑胶条使之超过端模边侧1~2mm,在模板拼装严缝的情况下,能有效解决拼缝处漏浆情况。其他模板拼缝处,则采用粘贴双面胶措施进行止浆。

②波形钢腹板顶钢板处止浆。

沿梁长方向止浆:波形钢腹板安装至设计位置后,其顶钢板上缘与固定端模、内模齐平,为确保组合箱梁顶板钢混结合段混凝土浇筑质量及钢腹板顶钢板处漏浆控制,在侧、内模与波腹板顶钢板接触处安装可调节式止浆装置(释图6-22)。

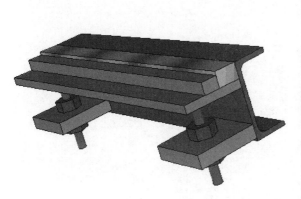 

释图6-22 可调节式止浆装置

波形钢腹板端头处止浆:设计施工时,为提高组合箱梁在现场拼装焊接施工时波形钢腹板的耐疲劳性能,确保组合箱梁结构的整体耐久性,波形钢腹板顶板(底板)距梁端侧均缩进10mm(20mm),该处位置利用固定端模安装端头小底模进行止浆封堵(释图6-23)。

4.混凝土工程

(1)钢混结合段混凝土浇筑

确保波形钢腹板与混凝土顶底板结合部混凝土浇筑质量是关键控制内容。针对埋入式连接构造,底板布料顺序为：①底板中央→被波形钢腹板隔开的箱室内侧承托→③被波形钢腹板隔开的箱室外侧承托，横向要两侧对称进行浇筑。为确保底板混凝土浇筑质量的均匀性，浇筑时采用在固定端模顶面挂设串筒并经溜槽输送至底板上进行布料浇筑（释图6-24）；局部波形钢腹板承托不易布料处则利用铁锹、灰斗人工布料，严禁出现用振捣棒直接"赶料"现象。混凝土振捣以插入式振捣为主，附着式为辅。

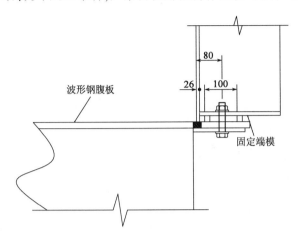

释图 6-23　端头小底模安装(尺寸单位:mm)

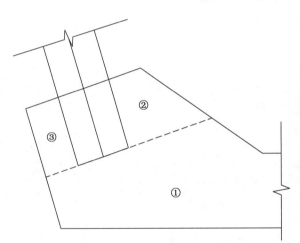

释图 6-24　波形钢腹板底部钢混结合段布料振捣

(2) 匹配梁位移控制

为确保混凝土浇筑过程中匹配梁段不出现位移，在混凝土浇筑前需要对匹配梁段进行临时加固定位。具体措施如下：

顶板位移控制：匹配梁顶板位移控制利用顶板处临时吊孔、临时预应力孔与固定端模安装精轧螺纹钢，通过对精轧螺纹钢施加部分预紧力，控制匹配梁顶板在混凝土浇筑过程中的位移。

底板位移控制：匹配梁匹配定位后安装底模支腿间对拉拉杆，使匹配梁与现浇梁底模连接为整体。

5. 波形钢腹板节段梁脱模、吊装与存放

针对波形钢腹板箱梁横向抗弯刚度及空间抗扭刚度偏小的问题，需研究脱模及吊装时机、吊点及存放支点布置、转运过程中的增强措施等。有限元分析及现场测试结果表明：

(1) 混凝土抗压强度分别达到设计强度的75%、85%后方可脱模、吊装作业。

(2) 针对宽幅双箱室节段梁，推荐采用12吊点方案进行起吊，双层存梁时，需在中腹板处增加柔性支垫。

(3) 在箱室内增加交叉刚性支撑后可有效减少桥面板横向挠曲变形，提高抵抗侧向偶然撞击的能力。交叉刚性支撑为槽钢，在模板拆除后、箱梁吊运前安装。

三、波形钢腹板节段梁安装

(一) 施工工艺流程

波形钢腹板节段梁采用TPJ52型节段拼装架桥机进行悬臂拼装，工艺流程如释图6-25所示。

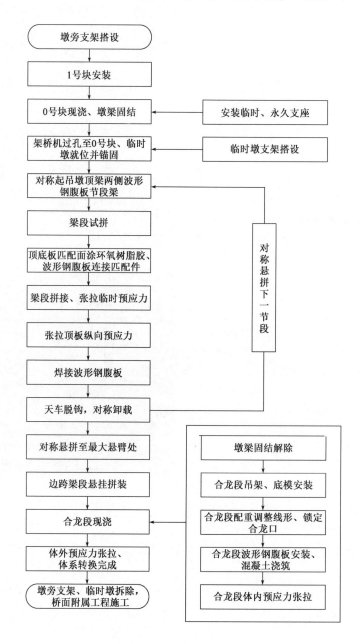

释图6-25 悬臂拼装施工工艺流程图

(二) 主要施工工艺

1.1号块高精度安装

1号块采用200t履带式起重机进行安装，梁体初步定位后，利用4台三向千斤顶进行位置精准调整（释图6-26），保持顺桥向限位挡块始终与箱梁底板端面保持密贴。通过精轧螺纹钢筋将梁体与墩旁支架进行临时锚固，利用顶底板内临时预应力张拉用钢齿坎将0号块两侧与1号块拉结固定，以抵抗0号块混凝土现浇部分侧压力对1号块的影响。

6 节段拼装波形钢腹板组合梁

释图6-26　1号块定位措施

2. 标准节段悬臂拼装

(1) 2号块拼装

南京五桥1号块采用履带式起重机安装，2号块通过架桥机进行安装（释图6-27），节段支撑条件的差异必然带来匹配口变形差异，进而影响两个节段的顺利密贴。实施过程中，在2号块安装前，一方面，通过计算分析掌握吊装过程中的变形量；另一方面，对1号块进行精确测量，通过比对两者变形差，提出调整措施。

释图6-27　标准节段架桥机悬臂拼装

(2) 钢混匹配连接

在完成节段试拼后，在规定的时间内完成涂胶作业，并将待安节段向已安节段靠拢完成拼接；安装拼装节段顶底板的临时预应力拉杆，按设计值和规定的顺序张拉临时预应力；在环氧树脂胶固化后，张拉顶板体内纵向预应力束，并及时进行预应力管道压浆，完成一对梁段的拼接，最后完成波形钢腹板节段间的焊接。

7 装配式钢混组合梁

7.1 一般规定

7.1.1 装配式钢混组合梁施工工艺和要求除应符合本规范的规定外,尚应符合现行《公路钢混组合桥梁设计与施工规范》(JTG/T D64-01)、《公路桥涵施工技术规范》(JTG/T 3650)的相关规定。

条文说明

本章主要规定了采用工厂化制造、现场拼装装配式钢板梁、钢箱组合梁两种桥梁结构的施工工艺及要求。

7.1.2 钢梁的制造和安装尺寸允许偏差及检验方法应符合现行《公路桥涵施工技术规范》(JTG/T 3650)的相关规定。

7.1.3 装配式组合梁按钢混组合时机可分为先安装构件后形成钢混组合、先钢混组合后安装两种形式。施工前应根据组合梁结构受力特性和设计确定的施工方法确定钢混组合形式。

条文说明

先安装构件后形成钢混组合、先钢混组合后安装组合形式示意如图7-1所示。

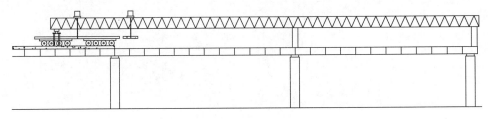

a)先安装构件后形成钢混组合

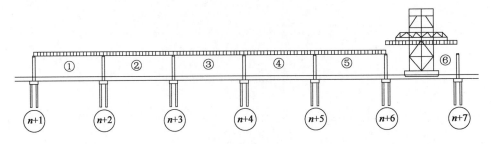

b)先钢混组合后安装

图7-1 装配式组合梁不同组合形式

装配式组合梁的安装工艺相对灵活多变,可先安装钢梁后架设面板[释图7-1a)],也可先形成组合结构后整体架设[释图7-1b)],桥面板与钢梁的组合顺序对结构受力产生较大影响。采用先钢梁后面板安装工艺时,形成组合结构前钢梁承受桥面板的自重,导致运营期钢梁的应力相对较大;采用先组合后安装工艺时,组合梁的刚度大于钢梁,运营期钢梁的应力相对较小。在实际工程中,需综合考虑设计要求、建造条件、设备能力、工期及成本控制需要等条件,选定合适的安装工艺,钢梁及面板可采用汽车式起重机/履带式起重机或架桥机安装,组合后主梁可采用龙门式起重机、架桥机或浮吊安装。

a)先钢梁后面板

b)先组合后安装

释图 7-1　组合梁安装工艺

7.1.4　装配式钢混组合梁桥施工时,应对构件制造安装等关键施工过程进行施工监测。

装配式钢混组合梁桥施工监控由监控单位实施,钢梁制作单位、面板预制单位及组合梁安装单位需配合监控单位完成相关监控内容。监控主要内容包括线形控制、应力监控、高程控制和稳定安全监控。其中,线形控制包括厂内制作线形→裸梁节段线形→节段拼装后线形→桥面板架设后线形→二期恒载施加后线形等,应力监控包括最大正负弯矩处的应力监控。

7.2　桥面板预制

7.2.1　桥面板预制施工中,钢筋下料及绑扎、波纹管安装、模板工程、混凝土浇筑及养护、预应力张拉及压浆等一般性工艺应符合现行《公路桥涵施工技术规范》(JTG/T 3650)的相关规定。

本规范根据广泛工程应用调研与现有研究成果,结合《公路桥涵施工技术规范》(JTG/T 3650),提出了桥面板预制及预埋件安装的质量验收标准及检验方法,明确了桥面板预制工艺的相关要求,确定了桥面板预制时模板、钢筋、预埋件安装及止浆措施的相关规定。

7.2.2　桥面板预制时,模板、钢筋、预埋件安装及止浆措施应符合下列规定:

1　模板宜采用钢模板。模板安装后应对模板的安装质量进行检查,重点检查尺寸、拼缝及预留孔洞位置,且侧模上应开有钢筋定位槽口。

2　钢筋宜在胎架上整体绑扎成型。

3　为保证连接件与钢筋的准确匹配,应在底模上严格标出桥面板钢筋位置,并宜在板各边标示出连接件的相对位置。

4　对梳形板、预留孔洞、拼接缝等易漏浆部位,应采取有效的堵浆措施,宜使用强力胶条等进行止浆,严禁使用布条、海绵等止浆。

1　模板采用钢模板可设置定型侧模,更容易控制钢筋、预应力管道的定位精度,避免因钢筋、预应力管道定位偏差导致桥面板安装困难,且钢模板能进行多轮次预制,木模板则容易变形。检查拼缝、孔洞等位置,防止混凝土浇筑时漏浆,侧模开设钢筋定位槽口(释图 7-2)保证钢筋定位准确。

2　钢筋在胎架上整体绑扎(释图 7-3)的质量及精度更高,在另外一处场地绑扎后整体入模还可提升工效。

释图7-2 钢筋定位卡槽

释图7-3 桥面板整体钢筋骨架

3 确定预制面板模板周边套筒与钢筋的相对关系,实现钢筋的准确定位(释图7-4)。

释图7-4 钢筋准精确定位

7.2.3 混凝土拌制、浇筑及养护应符合下列规定:

1 单块预制桥面板应一次浇筑完成,不设施工缝。

2 对于横向整块预制的桥面板,宜从较厚的埂肋处开始向两端交替对称下料。

3 浇筑混凝土时入模温度不应低于5℃,且不宜高于28℃。当日平均气温达到30℃以上时应按高温施工要求采取措施。

4 混凝土桥面板的各个部分应振捣均匀、充分。

5 混凝土养护应分为预制区养护、存板区养护。在桥面板强度达到吊装要求后,应吊至存板区存放,且养护时间不得少于14d。

6 为增强预制桥面板与现浇混凝土的连接,现浇混凝土结合面及板顶面应凿毛保证粗集料出露,凿毛深度不宜小于5mm,宜采用高压水枪冲洗凿毛。

1 为避免冷缝,单块桥面板不应分区浇筑,但可以分层浇筑。

2 对于横向整体预制桥面板,为确保浇筑质量(由低到高),一般从较厚的埋肋处开始对称浇筑,由下到上逐层浇筑(释图7-5)。

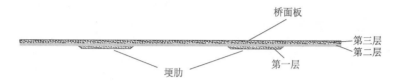

释图7-5 桥面板混凝土分层浇筑

3 当浇筑混凝土时的温度超过30℃的高温时,需采取集料预冷、加冰等降温措施。

5 为降低吊装、存放过程中预制面板的开裂风险,需在预制区充分养护,确保混凝土强度及弹性模量发展到位;累计养护时间不低于14d。

6 为增强预制桥面板与现浇湿接缝的黏结性能,需进行界面凿毛处理(释图7-6),凿毛时间需控制在不小于浇筑混凝土初凝后3d,且强度不低于3.5MPa,凿毛率需达到90%以上,凿毛深度宜不小于5mm且集料均匀露出;采用高压水枪凿毛,凿毛效果相对可控且便于实施。

释图7-6 桥面板凿毛处理

7.2.4 预埋件加工及安装应符合下列规定:

1 应针对不同类型桥面板制订预埋件清单,保证预埋件加工和安装准确无误。

2 预埋件应进行防腐处理。

3 预埋件加工和安装应严格考虑预埋件受力情况,保证后续构件安装及使用。

1 对于不同类型的桥面板,预埋钢板、吊耳等埋件的尺寸存在一定差异,在正式预制前应进行各类埋件型号、数量、位置等信息的统计,便于集中加工、采购和技术交底,确保埋件的型号及安装位置准确无误。

2 预制面板可能采用围水、高温蒸养等养护工艺,且多在露天环境存放超过3个月,故需进行涂装等防腐处理,避免安装前埋件大面积锈蚀,进而影响受力性能及耐久性。

3 对于吊耳、预埋肋板等吊装及运输过程中受力的预埋件,需进行施工过程的受力验算,避免出现脱落、断裂等质量及安全事故。

7.2.5 预制桥面板吊装、场内运输及存放应符合下列规定：

1 桥面板起吊时，吊点的位置应符合设计规定，设计无规定时，应通过计算确定吊点位置及数量，且吊点应不少于4个；桥面板吊装应配置相应的吊具，防止吊装受力不均产生裂纹；桥面板吊装时混凝土强度不应低于设计规定，设计未规定时不应小于85%设计强度。

2 预制桥面板应标明编号、重量、制作日期等，标志在规定醒目的位置。

3 预制桥面板应满足设计规定的存放时间；当设计无要求时，采用自然养护的预制桥面板存放时间不宜少于6个月，采用蒸汽养护的预制桥面板存放时间不宜少于3个月。

4 预制板存放台座应根据存放层数计算确定基础形式和深度。

5 当需要分层堆放时，存放层数应根据计算确定或按设计要求执行，应确保支点位置上下相对应布置，并采取相关安全可靠措施。

6 预制桥面板存放台座应坚固、稳定，且不得产生不均匀沉降。

1 参照设计确定的吊装方案，吊装时应对比同养试块的强度是否达到设计指定的强度或0.85倍的设计强度，吊点数量应大于或等于4个且对称均匀布置，吊装用的钢丝绳长度要一致，确保预制桥面板吊装过程中的稳定性、受力均匀性，吊具应经过专门设计，避免预制面板出现裂缝。

2 为便于预制桥面板堆存、出运、安装等工序的管控，应将编号、重量、制作日期等基础信息标注在面板醒目位置，且选取避免脱落、掉色的控制措施。

3 受钢梁的约束作用，混凝土收缩徐变将使桥面板产生拉应力甚至开裂，降低结构耐久性。《公路桥涵施工技术规范》(JTG/T 3650—2020)规定了预制混凝土桥面板的存放时间按混凝土龄期计，宜不少于6个月，考虑到蒸汽养护可加速收缩徐变的发展，本规范将存放时间的规定调整为"设计无要求时，采用自然养护的预制桥面板存放时间不宜少于6个月，采用蒸汽养护的预制桥面板存放时间不宜少于3个月。"

4 不同的堆放层数对基础承载力的要求差异较大，需结合存放层数、地质条件确定采用条形扩大基础还是筏板基础，以控制台座的沉降量。

5 面板采用多层堆放时(释图7-7)，上层面板的自重通过支反力逐层传递至下层面板中，为避免下层面板出现抗弯或抗剪受力问题(自身重力不可避免地产生弯矩和剪力，通过控制支垫数量进行应力控制)，上下层面板间的支垫需布置在同一竖向位置，使上层面板的自重通过局部承压传导，降低下层面板开裂风险。

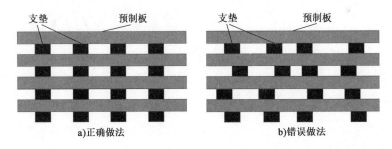

释图7-7 桥面板多层堆放布置示意图

6 台座(释图7-8)基础应进行充分设计，避免台座出现纵向或横向的不均匀沉降，导致支点间出现内力重分布，进而使实际支承情况与设计存梁条件出现偏差，可能引起面板开裂甚至倾覆风险。

7.2.6 桥面板预应力钢束的张拉宜在混凝土强度、龄期达到设计要求后进行；当设计无要求时，应根据施工控制计算确定预应力钢束的张拉时机和数量。

为避免桥面板出现反拱过大、锚下混凝土开裂等质量问题，预应力张拉作业宜在混凝土强度、弹性模量或龄期达到设计要求后进行。吊装前先张拉一部分(梁场)(释图7-9)，安装完成后再张拉剩余部分。

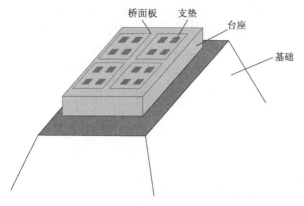

释图 7-8　台座

释图 7-9　桥面板部分张拉

7.2.7 预制桥面板尺寸的允许偏差及检验方法应符合表 7.2.7 的规定。

表 7.2.7　预制桥面板尺寸允许偏差及检验方法

实测项目	规定值或允许偏差(mm)	检查方法
板厚(脱模后)	±3	尺量
板长	±3	尺量
宽度	±3	尺量
板面对角线相对高差	±5	尺量
板底平整度(钢模板)	±1	尺量
板的侧向弯曲矢度	<5	尺量
外露钢筋的偏差	厚度方向±1.5	尺量
预应力管道中心位置偏差	±2	尺量
预埋件位置	±5	尺量
保护层厚度	±3	厚度检测仪检查

7.3　预制桥面板安装

7.3.1 预制混凝土桥面板安装应符合下列规定：

1　桥面板安装前，应将钢梁与桥面板接合面及剪力连接件表面清理干净，且钢梁与桥面板应采用可靠的连接方式，避免结合面出现脱空。

2 预制板安装后,应检查橡胶条四周是否压紧、密贴、鼓包,避免浇筑接缝混凝土出现漏浆现象。
3 预制板安装允许偏差应为±5mm,相邻两板错开量应小于3mm。

条文说明

预制板桥面板安装前,一般采用橡胶条牢固粘贴在钢梁上翼缘的外侧,如图7-2所示。

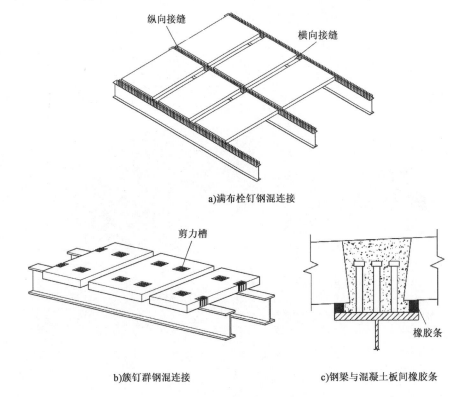

图7-2 钢混结合面处理

对于先安装剪力钉后架设面板的组合梁,后浇湿接缝是面板间形成整体、钢梁与面板形成组合结构的关键,应清除面板与钢梁结合面、连接件表面的杂质,确保后浇混凝土与既有界面的黏结性能;应选取抗剪及抗拔性能适当的连接件,确保在荷载作用下预制面板与钢梁间不发生脱空。

预制桥面板与钢梁间不可避免地存在缝隙,为避免后浇混凝土浆液沿缝隙渗出导致剪力槽内部出现孔洞,常在钢梁上翼缘粘贴橡胶条,并在钢梁上翼缘板与预制桥面板接触面均匀涂覆一层1～2cm厚环氧砂浆,如释图7-10所示。在面板安装前须检查橡胶条是否脱落,面板放置完成后须检查橡胶条与钢梁翼缘板、预制桥面板之间是否压紧。

释图7-10 贴橡胶条及涂环氧砂浆

7 装配式钢混组合梁

7.3.2 当桥面板采用预制-现浇叠合板(图7.3.2)时,预制桥面板应符合下列规定:
    1 预制板的厚度应满足施工荷载作用下的强度、刚度要求。
    2 预制板上表面应进行粗糙处理,凿毛深度不宜小于5mm,确保预制板与现浇层的界面性能满足要求。

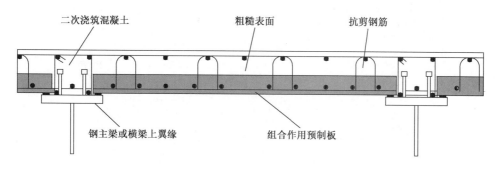

图7.3.2 预制-现浇叠合板构造

    3 在桥面板湿接缝和钢-混凝土的结合部,不应出现混凝土脱空、不密实的现象。

为降低桥面板的预制、运输及安装难度,可以采用部分预制+部分现浇桥面板的结构形式(常见于多主梁体系),即预制-现浇叠合板结构,预制面板顶部设有抗剪连接钢筋,作为预制板与现浇层的连接件。预制板可采用汽车式起重机进行快速安装,并可作为现浇层的模板,降低施工难度,减少作业量。

(1)长沙湘府路立交采用了预制-现浇叠合板的构造形式,在预制场将单根钢梁与预制板结合,形成工字形组合单梁,如释图7-11所示,将各组合单梁运至施工现场并架设、安装完毕后,在预制板表面进行二次浇筑,形成预制-现浇叠合桥面板。预制面板需具备一定的厚度(长沙湘府路立交的板厚为10cm),避免在吊装及运输、现浇层浇筑等工序的荷载作用下,出现面板开裂、变形过大等问题,进而导致组合梁的质量问题。

(2)为加强预制面板与现浇面板间的协同受力性能,除设置抗剪钢筋连接件外,还需进行预制面板顶部凿毛处理,凿毛深度不宜小于5mm,以确保界面的黏结性能满足抗剪要求,如释图7-12所示。

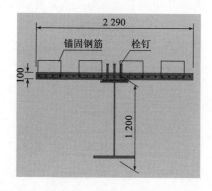

释图7-11 单根钢梁-预制板组合梁(尺寸单位:mm)   释图7-12 预制面板凿毛处理

(3)为确保在桥面板湿接缝和钢-混凝土的结合部不出现混凝土脱空、不密实的现象,须采取以下措施:在钢梁上安装预制板时,先在钢梁上翼缘两侧边缘及剪力钉区域前后粘贴橡胶条,然后在钢梁上翼缘与预制板的接触面均匀涂覆一层1~2cm厚环氧砂浆。将预制板摆放到钢翼缘板上的指定位置后,在剪力钉槽及预制板纵向湿接缝中浇筑微膨胀混凝土,完成预制板与钢梁的结合。为防止现浇混凝土流出导致的现浇桥面板空洞问题,待各片小组合梁安装完毕后,用弹性橡胶条封闭主梁之间的1cm接缝,如释图7-13所示。

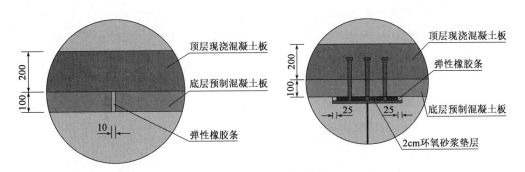

释图 7-13 局部密封止浆措施(尺寸单位:mm)

7.3.3 预制桥面板安装时,剪力槽和湿接缝施工要求应符合下列规定:

1 剪力槽、湿接缝宜采用补偿收缩混凝土,其配合比应进行专门设计;剪力槽、湿接缝的浇筑时机和浇筑顺序应符合设计和施工控制的要求。

2 在剪力槽、湿接缝浇筑混凝土之前,应对在安装过中变形的连接钢筋予以校正和调直,对损坏的连接件和剪力钉等应进行修复,并应按设计要求进行连接钢筋的绑扎或焊接。

3 连接湿接缝处的预应力管道应保证其顺直、无弯折,对接头处的管道应包缠严密,使之不漏浆。

4 浇筑湿接缝混凝土时,应对其进行充分振捣;湿接缝混凝土的顶面宜比预制安装桥面板略高出2~3mm;浇筑完成后,应对混凝土的顶面进行拉毛或采取其他增加粗糙度的处理措施。

5 剪力槽、湿接缝浇筑完成后,应及时对暴露在大气中的混凝土表面采取覆盖养护膜、涂刷养护剂或其他保湿养护措施,养护期不应少于14d;对于负弯矩区的剪力槽、湿接缝,宜同时采取覆盖保温被等保温养护措施。

6 桥面板预应力钢束的张拉宜在湿接缝混凝土龄期达到设计要求后进行。

7 湿接缝混凝土的强度在未达到设计强度的85%之前,不得在桥面上通行车辆、堆放材料或进行影响其受力的其他施工作业。

(1)剪力槽、湿接缝为后浇混凝土,为避免接缝混凝土因收缩出现界面脱开、开裂等质量问题,进而影响组合梁的受力性能,接缝宜采用补偿收缩混凝土,并确定合理的膨胀量,膨胀量要符合《补偿收缩混凝土应用技术规程》(JTG/T 178—2009)第3.0.3条的规定。

钢混结合部的混凝土配合比设计以提高混凝土抗裂性和体积稳定性为原则,综合考虑胶凝材料用量、砂率及水胶比,同时考虑结合部施工的质量和可操作性,配制流动性好、体积稳定性好的高性能混凝土,以实现混凝土的易密性,防止脱黏。可采用微膨胀钢纤维混凝土或聚丙烯纤维混凝土提高钢筋混凝土的抗裂性。掺入纤维后会使流动性降低,一般通过试配和浇筑工艺试验进行验证。

补偿收缩混凝土施工时需混合均匀,对预拌补偿收缩混凝土,其搅拌时间与普通混凝土相同,现场拌制的补偿收缩混凝土的搅拌时间要比普通混凝土延长30s以上。浇筑完成后,暴露在大气中的混凝土表面要及时洒水保湿养护,养护期不得少于14d。对于水平构件,常温施工时,可采用覆盖塑料薄膜并定时洒水、铺湿麻袋等方式。冬季施工时,拆模时间要延至7d以上。表层不得直接浇水,可采用塑料薄膜保水,薄膜上部需覆盖岩棉等保温材料。当采用保温养护、加热养护、蒸汽养护或其他快速养护等特殊方式时,养护制度要通过试验确定。

浙江省舟山市岱山县官山至秀山公路秀山大桥(K6+663~K8+127)箱梁采用C55海工耐久混凝土。合龙段现浇湿接缝采用C55补偿收缩混凝土,其限制膨胀率为0.04%~0.05%,墩顶0号和0'号梁段现浇部分及固结墩左右幅间中横梁、施工预留孔的封填采用C55补偿收缩混凝土,其限制膨胀率为0.03%~0.04%。

(2)剪力槽及湿接缝的混凝土等强后,预制面板与钢梁即形成组合结构,结构体系出现转换,需根据设计规定及施工控制要求,确定合适的浇筑时间及浇筑顺序,优化结构内力分布,详见本规范第7.4.5条的条文说明。

(3) 接缝处的预应力管道应顺畅通过,金属波纹管连接管的直径要大于被连接管一个直径级别,其长度为4~5倍被连接管内径,且不小于300mm。连接区段需除掉灰渣、毛刺,接缝处的管道应包缠严密,并用扎丝固定,避免接缝混凝土浆液渗入管道导致堵塞,进而影响后张预应力的穿束及张拉。

(4) 剪力槽、湿接缝混凝土应进行充分振捣,确保接缝的密实性;接缝高度宜高出桥面板顶面2~3mm,避免振捣后混凝土凹陷,导致接缝成为薄弱环节;接缝混凝土硬化前,需进行拉毛等糙化处理(释图7-14),增强其与调平层或铺装层的黏结性能,避免在车轮荷载下出现脱空、鼓包,拉毛深度需符合现行《公路水泥混凝土路面施工技术细则》(JTG/T F30)的要求。

a) 机械拉毛

b) 人工拉毛

释图7-14 混凝土拉毛

(5) 现场浇筑的混凝土湿接缝是连接各桥面板单元,并与钢梁之间形成组合梁的关键部位,因此,对混凝土的配合比需要有较高的要求,对浇筑施工的程序、工艺及养护等也需予以高度重视,防止其混凝土开裂是施工的关键所在。

(6) 湿接缝混凝土未达到设计强度的85%前,桥面上不应出现车辆、堆载等临时荷载,避免接缝混凝土出现开裂等质量问题,具体可参考《公路钢混组合桥梁设计与施工规范》(JTG/T D64-01—2015)第12.5.3条的规定。

7.3.4 当桥面板采用压型钢板-现浇混凝土板时,施工要求应符合下列规定:
1 压型钢板批量加工前,应根据设计要求的外形尺寸、波宽、波高等进行试制。
2 压型钢板运输过程中,应采取保护措施。
3 应验算压型钢板在施工阶段的强度和变形。当压型钢板在混凝土浇筑阶段挠曲变形超过设计要求时,应设置临时支撑。

条文说明

压型钢板-现浇混凝土板的施工工艺流程为:压型钢板加工制作→压型钢板安装→栓钉焊接→钢筋绑扎→混凝土浇筑→混凝土养护。

7.4 装配式组合梁安装

7.4.1 装配式组合梁的安装应包括支架法安装、整跨安装、顶推安装等施工工艺。

条文说明

三种工艺示意如图 7-3 所示,其中整跨安装工艺也常采用汽车式起重机或履带式起重机施工。

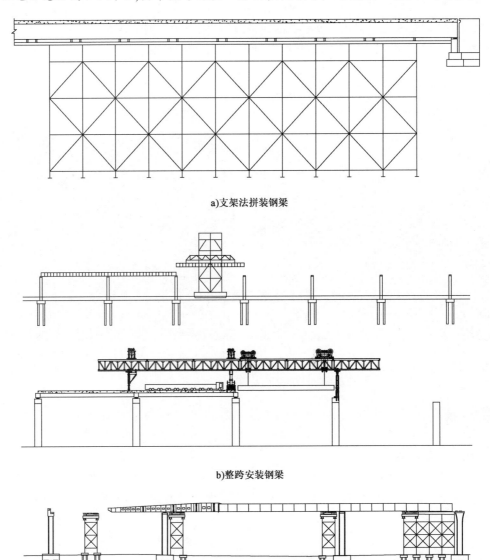

a) 支架法拼装钢梁

b) 整跨安装钢梁

c) 顶推安装钢梁

图 7-3 装配式组合梁施工工艺

组合梁的安装工艺主要包括支架法、整跨安装法和顶推安装法,其中支架法、顶推安装法多采用先钢梁后面板的安装工序,整跨安装法则根据跨度、吊装能力采用先钢梁后面板、叠合后整体安装工艺。总体而言,组合梁架设工艺相对灵活多变,需综合考虑桥梁跨度、建设条件、进度安排、设备资源等外部条件,确定合理的安装工艺。

对于市政高架桥、高速公路跨线桥,钢梁可采用少支架法节段安装(释图 7-15),随后架设或现浇桥面板,典型案例包括长沙汽车南站匝道桥、武汉马家湖匝道桥。

整跨安装方面,多采用架桥机或汽车式起重机分别安装钢梁、桥面板,近年来出现先组合后整体架设 π 形组合梁,典型案例为江西祁婺高速公路(释图 7-16)及湖北江北高速公路东延线(释图 7-17)。赣皖界至婺源高速公路(简称祁婺高速)全长 40.747km,其中十亩特大桥采用的 60m 跨径钢梁简支、桥面板连续 π 形钢混叠合梁结构,钢梁在临时工厂节段拼装后现浇桥面板,然后整体出运并架设,每月拼装产能可达30榀,实现构配件从进场存储至组拼架设全过程工厂化生产。湖北省江北高速公路东延线4座桥梁上部结构设计为装配式π形组合梁,跨径布置为30m,桥宽有12.75m、16.5m两种,采用先简支后桥面连续结构,桥面板采用工厂化集中预制,形成组合结构后采用龙门式起重机整体架设,架设节省工期35d,相较于常规先钢梁后面板组合梁,用钢量节省8%。

释图7-15 组合梁支架安装

释图7-16 江西祁婺高速公路

释图7-17 湖北江北高速公路东延线

顶推安装法方面,为避免顶推过程中正负弯矩变化导致桥面板开裂,多采用先顶推钢梁后安装面板的工艺,可采用拖拉式、步履式顶推,典型工程案例为武汉长江二桥引桥(释图7-18)和瓯江北口大桥引桥(释图7-19)。

7.4.2 装配式组合梁的钢梁采用少支架法安装时应符合下列规定:

1 用于安装的支架应进行专项设计。支架宜根据其结构形式、所用材料和地基情况的不同,在施工前确定是否进行预压,支架预压应符合现行《公路桥涵施工技术规范》(JTG/T 3650)的相关规定。

2 临时支座顶面应依据梁底纵坡调整角度,确保支垫密实稳定;坡度较大时宜对梁段采取斜撑或拉索等临时固定措施。

条文说明

当地基不满足要求时,通常采用换填、强夯、复合地基等方法进行加固。

1 组合梁采用少支架安装时,支架反力较满堂支架更大,支架应力超限、沉降量超限等问题较为突出,需结合荷载条件、地质条件进行支架专项设计,并通过预压检验支架的安全性、监测整体沉降量,消除地基不均匀沉降,为支垫高程调整提供依据,确保组合梁安装过程的安全性及线形平顺。

2 少支架顶部的临时支座应适应梁底纵坡线形,并确保支垫密实稳定,避免少支点变形或移动导致实际受力特性与设计存在偏差,进而影响组合梁整体受力。当组合梁存在较大的纵坡或横坡时,为避免因自重水平分力导致的滑移或倾覆事故,需增设斜撑或拉索平衡水平分力。

释图 7-18 武汉长江二桥引桥(拖拉式顶推)

释图 7-19 瓯江北口大桥引桥(步履式顶推)

7.4.3 装配式组合梁的钢梁采用整跨安装时应符合下列规定:

1 整跨安装施工所用桥面吊机、提升系统应进行专项设计,桥面吊机、架桥机应由有资质的专业厂家制造,并有出厂合格证。

2 用于提升的桥面吊机、提升系统使用前应进行全面安全技术检查,并进行1.25倍设计荷载的静荷和1.1倍设计荷载的动荷起吊试验,经验收合格后方可使用。

3 整跨安装宜在一天内完成,当天无法完成时,宜采取加固措施。

1 组合梁的钢梁采用整跨安装时,由于钢梁自重较大,存在较大的起重吊装风险,需对桥面吊机、起重机、架桥机等起重设备进行核验,确保设备安全合格。

2 进行正式吊装前,应全面检查起重设备的受力杆件、电气及液压装置,同时开展静载及动载试吊试验,试验过程中监测起升高度、起升速度、走行速度等参数。

3 整跨安装的钢梁宜在当天安装到位,如确实无法完成安装的,钢梁及架桥机需临时固定,避免钢梁及架桥机出现倾覆、掉落等安全事故。

7.4.4 装配式组合梁的钢梁采用顶推安装时应符合下列规定:

1 顶推施工制订方案时应对顶推施工过程进行分析计算,保证桥墩、梁体及临时墩受力满足顶推施工要求,同时对桥墩变位进行实时观测,保证桥墩变位在设计规定范围内。

2 在主体工程墩顶上设置顶推设备时,应将墩顶的竖向力和水平力提供给主体结构设计单位,对桥墩变位及裂缝宽度等进行复核。

3 顶推应保证对称同步性,顶推过程中,应及时纠正横向和竖向偏差,应力和变形不得超过设计和监控允许的范围。

4 顶推过程中应对桥墩变位进行实时观测,保证桥墩变位在设计规定范围内。

1 钢梁顶推过程中,梁体、桥墩及临时墩均承受变幅荷载,需定期测量桥墩的墩顶水平位移、竖向沉降量、各顶推点的水平及竖向反力、钢梁顶底部及腹板应力、钢梁变形等参数。

2 桥墩顶的竖向力及水平力需提供给设计单位,对墩身应力、变形情况进行复核,确保施工荷载对永久结构不产生损伤。

3 为确保顶推过程的安全性和结构受力的均匀性,顶推应对称同步进行,建立顶推过程中的整体及局部有限元模型,将实测参数(释图7-20)与计算值进行反复比较,确保顶推过程安全可控。

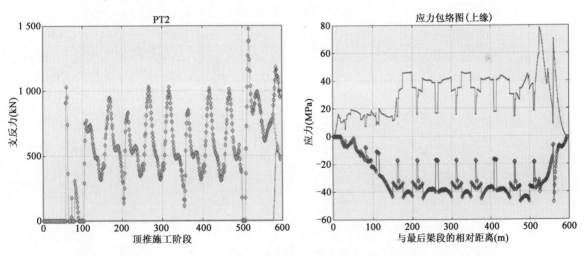

释图7-20 顶推过程监测参数变化曲线

7.4.5 预制桥面板在钢梁上的安装顺序应按设计要求确定;当设计无要求时,应根据结构受力要求确定。对于钢混组合连续梁,宜采用先跨中后支点的施工流程进行预制桥面板安装,以改善中墩负弯矩区混凝土桥面板受力。

条文说明

预制桥面板的安装可分为顺序安装和间断安装。采用顺序法浇筑桥面板时,后期浇筑的跨中桥面板荷载会在支座处产生负弯矩,此处已与钢梁结合的桥面板因此而受拉。跨度较小的组合结构梁桥,可以采用顺序法浇筑混凝土以方便施工。采用间断安装能改善桥面板受力,缺点是桥面板的施工不连续。

钢混组合连续梁桥的桥面板铺设等关键施工顺序,可参考图7-4。先铺设正弯矩区桥面板,再铺设负弯矩区桥面板,沿桥纵向对称铺设;桥面板铺设完成后,检查桥面板之间接缝尺寸及相邻桥面板的高差,再浇筑接缝,接缝浇筑次序与桥面板铺设顺序相同;浇筑剪力件槽孔,负弯矩区的槽孔最后浇筑,使该区的桥面板与钢梁最后形成组合结构,减少施工荷载及恒载在混凝土板内产生的拉应力。

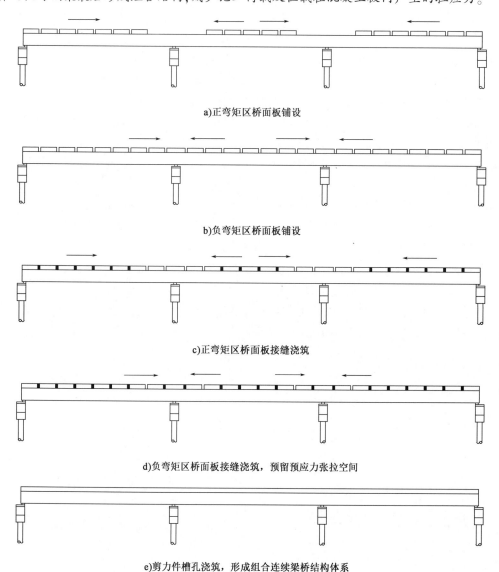

a)正弯矩区桥面板铺设

b)负弯矩区桥面板铺设

c)正弯矩区桥面板接缝浇筑

d)负弯矩区桥面板接缝浇筑,预留预应力张拉空间

e)剪力件槽孔浇筑,形成组合连续梁桥结构体系

图7-4 钢混组合连续梁桥预制桥面板铺设顺序示意图

7.4.6 组合梁预应力施工应根据结构特点及施工可行性,确定预应力施工方式。

7.4.7 连续梁采用支点位移法对桥面板施加预设应力时,应符合下列规定:
1 在桥面板混凝土的强度和弹性模量达到设计要求时,方可进行落梁施工。
2 顶升和落梁时应均匀、同步,同一断面钢梁底板两侧高差在顶、落梁过程中宜控制在5mm以内。
3 梁板安装时应严格控制梁底临时支座和永久支座顶高程,允许相对偏差应为±1mm。临时支座的卸落顺序应符合结构受力要求,同一墩顶的多个临时支座宜分 4 级或 5 级均匀、同步卸落。

条文说明

支点顶升示意参考图 7-5。

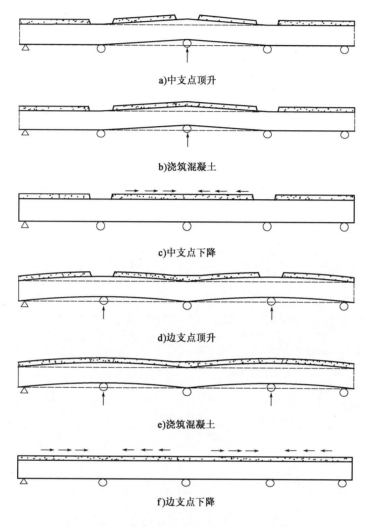

图 7-5 组合梁支点顶升

对于连续组合梁,为降低负弯矩区面板的开裂风险,除张拉预应力、预加荷载、采用纤维混凝土等措施外,还可采用支点顶升工艺进行应力调节,通过钢梁的预弯与回弹,在桥面板中储备一定程度的压应力,进而抵消运营期荷载作用下的拉应力。

1　采用支点顶升的连续组合梁,其正弯矩区多采用预制面板,负弯矩区则多采用现浇面板,支点下降落梁前,应确保现浇混凝土面板的强度及弹性模量达到设计要求,避免产生过大的徐变影响结构内力分布及线形。

2　为确保结构内力分布均匀,横桥向的支点顶升高程不宜出现过大的偏差,避免产生扭矩导致梁体内部存在较大的次内力,影响运营期的受力性能。

3　支点顶升量对钢梁、组合梁的内力分布影响较大,为确保内力控制的准确性,需严格控制永久支座和临时支座的顶部高程,避免误差过大导致较大的控制偏差。为控制结构的内力分布,支点的顶升与落梁需遵循一定的原则,一般先中支点、后边支点,宜分 4 级或 5 级顶升及落梁,使结构的变形能缓慢均匀发展。

7.4.8 装配式组合梁安装实测项目应符合表7.4.8的规定。

表7.4.8 组合梁安装允许偏差

实测项目		规定值或允许偏差(mm)	检查方法
轴线偏位	组合梁中心线	10	全站仪
	两孔相邻横梁中心线相对偏差	5	尺量
梁底高程	墩台处梁底	±10	水准仪
	两孔相邻横梁相对高差	5	
支座安装	支座纵、横线扭转	1	尺量
	支座中心与主梁中心线偏位	2	全站仪或全站仪与钢板尺
	支座顺桥向偏位	10	全站仪或拉线检查
	支座高程	±5	水准仪
	支座四角高差	2	水准仪
线形高程		+10,-5	水准仪
连接	对接焊缝 外观质量	满足设计及规范相应焊缝要求	查焊接记录
	对接焊缝 内部质量		
	高强度螺栓扭矩	±10%	测力扳手
	栓接面抗滑系数(喷砂)	出厂≥0.55 安装≥0.45	每5个梁段做一批(3组)检查
	防腐涂层	满足设计及规范要求	

附录 A 结构胶性能指标

A.1 结构胶物理性能

A.1.1 在各型号结构胶适用温度范围的高限温度条件下,结构胶凝胶时间不应小于20min。

条文说明

选用100g样品放置于内径约40mm的隔热圆柱形容器内进行试验。首先将结构胶的两种成分在各自的容器内预加热,将容器放入温度可控的温箱内,加热温度为结构胶使用温度范围的上限,然后将具有不同颜色的成分A和成分B在选定的等温条件下混合并搅拌3min,直至混合物颜色均匀。立即将连接在记录仪上的热电偶插入混合物内,并启动秒表。当混合物不能正常涂抹时,所测得的时间即为凝胶时间。

A.1.2 在各型号结构胶适用温度范围的高限温度条件下,结构胶可黏结时间不应小于60min。

条文说明

当施工条件要求在混凝土预制构件吊装到位前涂抹结构胶时,在确定结构胶配方的情况下需延长可黏结时间。

A.1.3 在各型号结构胶适用温度范围的高限温度条件下,在结构立面上涂胶层的厚度不小于3mm时,结构胶应无流挂。结构胶触变性能宜采用丹尼尔量尺进行测量。

条文说明

丹尼尔量尺测量结构胶触变性能具体操作为:将丹尼尔量尺放于水平面上,槽沟部分处于水平位置,将黏合剂混合后放置10min,之后用其填满沟槽部分至边缘,最后快速将槽沟竖起使其直立。

A.1.4 宜通过在两张蜡纸之间进行挤压测试,得出结构胶的挤压扩展性能。在所指定应用温度范围的下限,被测试结构胶形成物的表面积在所指定挤压力下应满足表A.1.4的要求。

表 A.1.4 挤压力与表面积对应关系

挤压力(kN)	表面积(mm²)
0.15	3 000
2	7 500
4	10 000

A.1.5 在各型号结构胶适用温度范围的低限温度条件下,结构胶强度发展应满足表A.1.5的要求。

表 A.1.5 结构胶固化速度

时间	抗压强度(MPa)
12h	≥20
24h	≥40
7d	≥75

A.1.6 结构胶抗压和抗剪弹性模量应满足表 A.1.6 的要求。

表 A.1.6 结构胶抗压和抗剪弹性模量

项目	规定值(MPa)
瞬间抗压弹性模量(E_i)	≥8 000
延滞抗压弹性模量(E_d, 1h)	≥6 000
瞬间抗剪弹性模量(G_i)	≥1 500
延滞抗剪弹性模量(G_d, 1h)	≥1 200
延滞抗剪弹性模量(G_d, 28d)	≥1 000

A.1.7 结构胶应进行吸水率及溶解率测试。各型号结构胶在适用温度范围的高限温度条件下,吸水率不应大于0.5%,水中溶解率不应大于0.1%。

条文说明

吸水率及溶解率测试所用结构胶试件尺寸为 10mm×15mm×120mm。在结构胶所指定温度范围的上限温度条件下固化7d,用除模剂清洁试件,进行首次称重g_1。在温度为60℃的水中存放14d后取出,擦干再次称重g_2。最后将试件在60℃的条件下干燥处理,一般为2~3周,直至获得稳定的重量g。

吸水率按式(A-1)计算:

$$\eta = \frac{g_2 - g}{g} \times 100\% \tag{A-1}$$

溶解率按式(A-2)计算:

$$\mu = \frac{g_1 - g}{g} \times 100\% \tag{A-2}$$

A.1.8 在各型号结构胶适用温度范围的高限温度条件下,养护7d的试件的耐热温度(Martens点)不应低于50℃。在各型号结构胶适用温度范围的高限温度条件下,养护7d的试件的热变形温度不应低于50℃。

条文说明

结构的耐热性检测需符合国外规范DIN 53458和ASTM D648相关条款的规定。DIN 53458规范关于耐热温度的要求为:在各型号结构胶适用温度范围的高限温度条件下,养护7d的试件的耐热温度(Martens点)不低于50℃。ASTM D648规范关于热变形的温度要求为:在各型号结构胶适用温度范围的高限温度条件下,养护7d的试件的热变形温度不低于50℃。

A.2 结构胶化学性能

A.2.1 结构胶在使用期间不应与碱性混凝土发生化学反应。

A.2.2 结构胶在使用过程中应保持化学稳定性。采用碳纤维加固结构胶水热加速老化耐久性检测时,经60℃、95%湿度恒定作用2 000h后,试件的金属黏结抗剪强度的下降幅度不应超过参比试件强度的10%。

A.3 结构胶力学性能

A.3.1 在各型号结构胶适用温度范围的低限温度条件下,结构胶24h抗压强度不应小于60MPa,7d抗压强度不应小于75MPa。

条文说明

黏结剂抗压强度指标参考国际后张预应力协会标准(FIP)《关于分段施工中环氧黏合剂验收试验及认定标准的建议》第5.12节制定,在各型号结构胶适用温度范围的低限温度条件下,24h抗压强度不小于60MPa,7d抗压强度不小于75MPa。加载速率接近25MPa/min。

A.3.2 在各型号结构胶适用温度范围的低限温度条件下,24h湿度为100%时,结构胶剪切抗拉强度检测断裂破坏应全部发生在混凝土内部,不得有发生在结构胶内部的破坏出现。

条文说明

剪切抗拉强度检验试件为尺寸50mm×50mm×100mm的混凝土棱柱,混凝土抗压强度为40MPa,对黏结面进行喷砂处理或气动凿毛处理,随后在水中浸泡72h。浸泡时环境温度控制在结构胶规定适用温度范围的下限温度。从水中取出试件后,用干净的布对黏结面进行干燥处理,然后涂抹2mm厚结构胶,对结合合面施加0.2MPa压应力,将其放置在结构胶规定适用温度范围的下限温度环境中。待结构胶固化,达到设计强度后进行4点弯曲试验。

A.3.3 在各型号结构胶适用温度范围的低限温度条件下,结构胶7d抗剪强度不应小于12MPa。

条文说明

抗剪强度试验试件通常采用尺寸为75mm×75mm×150mm的棱柱体或直径150mm、长300mm的圆柱体混凝土构件,测试时黏结面与垂直面成30°角。混凝土构件在水中固化7d,固化后对试件进行凿毛干燥处理,并通过喷砂、钢丝刷清理黏结面,然后再次将试件在水中浸泡3h,随后取出并用干净的布进行凿毛干燥处理。接着在其中一个黏结面上涂抹3mm厚结构胶,黏结面维持0.2MPa压应力。让试件在结构胶规定适用温度范围的下限温度环境中存放7d,随后进行测试,直到试件破坏。

A.4 结构胶耐久性能

A.4.1 将耐湿热老化性能测试试件放置于温度为50℃、相对湿度为(95±3)%的湿热环境中,养护90d后取出试件,冷却至(23±2)℃,并在该温度下测试混凝土与混凝土对粘弯曲性能,每组测试3个试件,破坏均发生在混凝土内部则结构胶耐湿热老化性能测试合格。

条文说明

耐湿热老化性能测试试件通常采用抗压强度为45~55MPa的细石水泥混凝土(或胶砂)试件,尺寸为50mm×50mm×200mm。将试件截断成等长的两段,使用抛丸方法或钢丝刷将试件断面清除干净,放入水中浸泡72h。将试件从水中拿出并擦干,将经充分混合的胶黏剂涂抹在试件断面上,胶层厚度为3mm,再将另一个试件的断面贴合到涂有胶黏剂的黏结面上,在黏结面处施加0.2MPa的压力将其夹紧,制作成1组试件并养护7d。

A.4.2 将耐冻融循环性能测试试件用水浸湿放在已恒温至 -25_0^{+2}℃的冰箱中冷冻4h,取出试件放入 35_0^{+2}℃的水槽中浸渍4h,为一次循环。重复上述循环至50次。取出试件,擦去试件表面水分,在(23±2)℃放置8h,并在该温度下测试混凝土与混凝土对粘弯曲性能,每组测试3个试件,破坏均发生在混凝土内部为合格。

条文说明

耐冻融循环性能试件制作方法与本规范第A.4.1条耐湿热老化性能试件相同。

A.4.3 选择合适量程的轴向拉伸疲劳试验机,试验机的频率可设定为5～15Hz,在应力比为5:1.5、最大应力为4.0MPa的疲劳荷载下对钢对钢拉伸抗剪试件进行200万次等幅正弦波疲劳荷载作用,每组测试5个试件,试件均不破坏为合格。

条文说明

钢对钢拉伸剪切强度需按现行《胶粘剂　拉伸剪切强度的测定(刚性材料对刚性材料)》(GB/T 7124)的规定进行测定,其中钢片材质一般为45号碳钢或S30408不锈钢(06Cr19Ni10),质量需符合现行《不锈钢和耐热钢　牌号及化学成分》(GB/T 20878)的规定。钢片厚度一般为(2±0.2)mm,试验前需采用喷砂方法对粘接面进行糙化处理,喷砂机的工作压力一般为0.45MPa,喷砂料一般为通过80R筛孔,但不通过60R筛孔的筛余料。仲裁试验钢材质需为45号碳钢。按上述要求制作1组试件并养护7d。

A.4.4 耐长期应力作用性能测试试件在标准条件下应承受4.0MPa的剪应力,且持续作用210d,按HB6686进行测定。每组试件数量应为5个,试验结果应取5个试件测试结果的算术平均值。

条文说明

耐长期应力作用性能试件制作方法与本规范第A.4.3条耐疲劳应力作用性能试件相同。

A.5　结构胶耐介质侵蚀性能

A.5.1 将耐碱性介质性能测试试件混凝土表面进行防腐蚀处理,处理过程中避开粘接部位。将处置后的试件放置于$Ca(OH)_2$饱和溶液的碱性介质中,试验温度为(35±2)℃,浸泡时间为30d;到期取出试件,擦干,在(23±2)℃放置8h,并在该温度下测试混凝土与混凝土对粘弯曲性能,每组测试3个试件,破坏均发生在混凝土内部为合格。

条文说明

耐碱性介质性能试件制作方法与本规范第A.4.1条耐湿热老化性能试件相同。

A.5.2 将耐酸性介质性能测试试件混凝土表面进行防腐蚀处理,处理过程中避开粘接部位。将处置

附录 A 结构胶性能指标

后的试件放置于5% H_2SO_4溶液的酸性介质中,试验温度为(35 ± 2)℃,浸泡时间为30d;到期取出试件,擦干,在(23 ± 2)℃放置8h,并在该温度下测试混凝土与混凝土对粘弯曲性能,每组测试3个试件,破坏均发生在混凝土内部为合格。

条文说明

耐酸性介质性能试件制作方法与本规范第 A.4.1 条耐湿热老化性能试件相同。

A.5.3 将耐盐雾性能测试试件混凝土表面进行防腐蚀处理,处理过程中避开粘接部位。将处置后的试件放置于盐雾试验环境中。盐雾环境应为5%氯化钠溶液,喷雾压力为0.08MPa,试验温度为(35 ± 2)℃,每0.5h喷雾一次,每次0.5h,盐雾应自由沉降在试件上,作用持续时间应为90d。到期取出试件,擦干,在(23 ± 2)℃放置8h,并在该温度下测试混凝土与混凝土对粘弯曲性能,每组测试3个试件,破坏均发生在混凝土内部为合格。

条文说明

耐盐雾性能试件制作方法与本规范第 A.4.1 条耐湿热老化性能试件相同。

附录 B 预制构件检查项

工程项目名称：
建设单位：　　　　　　设计单位：　　　　　　施工单位：　　　　　　监理单位：
构件生产企业：　　　　　　　　　　　　　构件类型：
构件编号：　　　　　　　　　　　　　　　图纸编号：
生产序号：　　　　　　生产日期：　　　　　　　　　检查日期：

分项	检查项目		质量要求	实测	判定
构件混凝土强度					合 否
构件外形尺寸	允许偏差	长度(mm)			合 否
		宽度(mm)			合 否
		厚度(mm)			合 否
		对角线差值(mm)			合 否
		表面平整度、扭曲、弯曲			合 否
		构件边长翘曲			合 否
连接套管	允许偏差	中心线位置			合 否
		垂直度			合 否
	注入、排出口堵塞				合 否
钢筋	允许偏差	中心线位置			合 否
		外露长度			合 否
	保护层厚度				合 否
	主筋状态				合 否
预埋件	允许偏差	中心线位置			合 否
		平整度			合 否
		安装垂直度			合 否
预留孔洞	允许偏差	中心线位置			合 否
		尺寸			合 否
外观质量	破损				合 否
	裂缝				合 否
	蜂窝、孔洞等外表缺陷				合 否